LES
RUINES
DE
PÆSTUM.

LES

RUINES

DE

PÆSTUM,

AUTREMENT

POSIDONIA,

VILLE DE L'ANCIENNE GRANDE GRECE,

AU ROYAUME DE NAPLES:

OUVRAGE CONTENANT

L'histoire ancienne & moderne de cette Ville; la description & les vues de ses antiquités; ses inscriptions, &c.

AVEC des observations sur l'ancien Ordre Dorique.

Traduction libre de l'anglois imprimé à Londres en 1767.

Par M***.

Et à laquelle on a joint des gravures & des détails concernant la ville souterraine d'*Herculanum*, & autres antiquités, principalement du Royaume de Naples; deux petits Tombeaux de *Villa Mathei*; des Vues du mont Vésuve, de Capouë; & une Carte exacte des lieux dont il est parlé dans cet Ouvrage.

A LONDRES,

Et se trouve

A PARIS, RUE DAUPHINE,

Chez CHARLES-ANTOINE JOMBERT, Libraire du Roi pour l'Artillerie & le Génie, à l'Image Notre-Dame.

Et chez l'AUTEUR des gravures, rue des Arcis.

M. DCC. LXIX.

A MONSIEUR
LE MARQUIS
DE MARIGNY,

Conſeiller du Roi en ſes Conſeils, Commandeur de ſes Ordres, Lieutenant Général des Provinces de Beauce & d'Orléanois, Directeur & Ordonnateur Général des Bâtimens du Roi, Jardins, Arts, Académies & Manufactures Royales, Gouverneur des Villes de Blois, Sueve & Menars, & Capitaine Gouverneur du Château de Blois.

MONSIEUR,

L'Ouvrage que j'ai l'honneur de vous offrir, renferme des gravures intéreſſantes, dont la plupart vous doivent leur exiſtence. Le nom de Pœſtum *ſortoit à peine du profond oubli dans lequel il étoit enſeveli depuis pluſieurs ſiecles, lorſqu'en 1750, le deſir d'ajouter de plus exactes connoiſſances de l'antiquité à toutes celles que vous poſſédiez déja, vous détermina à faire le voyage d'Italie. Pour en tirer plus d'avantage, vous fîtes choix de quelques Artistes, connus par leurs ouvrages, qui vous y accompagnerent; l'un d'eux leva les plans des temples de* Pœstum, *& mesura les restes considérables de ces précieux monumens des Grecs, ce que personne n'avoit fait avant lui: nous prîmes aussi ensemble les mesures, & fîmes les desseins de quelques autres gravures que j'ai jointes à celles de* Pœstum. *Pouvois-je les mettre au jour sous d'autres auspices que les vôtres? Daignez, MONSIEUR, agréer un hommage si légitime. Les lumieres de l'homme en place éclairent tous ceux qui l'approchent; son zele échauffe tous ceux qui l'environnent; les Arts lui doivent les fruits que produisent tous les talens qu'il encourage.*

Je suis avec un très-profond respect,

MONSIEUR,

Votre très-humble & très-obéissant serviteur,
DUMONT.

AVANT-PROPOS

DU TRADUCTEUR.

IL a paru à Londres en 1767 un ouvrage anonyme, imprimé chez B. White, pour le compte de l'auteur, & sous le titre de *The Ruines of Pæstum, &c.* c'est-à-dire, *Les Ruines de Pæstum, ou Posidonia, ville de la grande Grece, au royaume de Naples, &c.*

Ce volume *in-folio, cartâ maximâ*, contient dix-huit pages de texte, & renferme, indépendamment d'une inscription singuliere, qui en décore le frontispice, quatre grandes planches gravées par J. Miller, sans nom de dessinateur.

La premiere planche représente une vue générale des ruines de Pœstum ; la seconde donne à la fois l'élévation perspective de trois temples, qui sont ce que les ruines de Pœstum offrent de plus précieux : on voit sur la planche suivante l'intérieur de l'un de ces temples, qui étoit *amphyprostile*, c'est-à-dire, où l'on pouvoit entrer par les deux extrêmités ; enfin le plus petit des trois temples, qui est de genre *périptere*, ou ayant des colonnes tout à l'entour, fait le sujet de la quatrieme & derniere gravure.

C'est la traduction libre de cet ouvrage que nous donnons au Public, & à laquelle nous avons ajouté plusieurs notes qui nous ont semblé nécessaires. Elle auroit paru beaucoup plus tôt, si à l'instant, pour ainsi dire, qu'elle alloit être mise sous la presse, nous n'eussions eu avis qu'on préparoit en Angleterre une traduction françoise des *Ruines de Pæstum* ; nous crumes alors devoir au moins suspendre l'impression de la nôtre, pour ne point tomber dans l'inconvénient d'un double emploi. En effet il étoit naturel de présumer qu'une traduction qui s'imprimoit à Londres en 1768, sous un titre (1) pareil

(1) *Les Ruines de Pæstum,* ou *Posidonia dans la grande Grece, par T. Major, graveur de Sa Majesté Britannique, traduit de l'anglois ; à Londres, imprimé par J. Dixwell,* 1768.

au titre du texte anglois qui avoit paru l'année précédente, ne feroit autre chofe que la traduction de ce même texte; mais la conformité des titres eft la feule reffemblance qui fe rencontre entre les deux productions angloifes, fi ce n'eft peut-être que M. Thomas Major, auteur de la plus moderne, & en même tems le graveur des planches qui l'accompagnent, femble avoir adopté une ou deux des gravures de M. Miller, & s'être feulement contenté de les réduire à une échelle plus petite que dans le volume imprimé en 1767.

M. Thomas Major a négligé d'indiquer cette fource; mais ce qui nous a paru plus furprenant encore, c'eft le filence abfolu qu'il garde, tant fur le travail du compatriote qui l'a devancé, que fur les gravures de *Pæftum*, qui font partie de l'œuvre de M. Dumont, profeffeur d'architecture à Paris; on fait très-bien cependant que M. Major avoit eu connoiffance des gravures de M. Dumont plufieurs années avant de publier les fiennes, & que même on lui avoit fait obferver la conformité qui fe rencontroit entre quelques-unes de fes planches & celles de M. Dumont.

Moins avares d'éloges que M. Major, nous ne refuferons pas à fon livre ceux qui lui font dus légitimement. Son texte eft plus étendu que le nôtre, où nous convenons qu'on ne trouve pas de differtation (1) fur les monnoies & fur les médailles de *Pæftum*; indépendamment de cet avantage, la partie typographique de fon livre laiffe peu à defirer; très-beau papier, caracteres nets, cul-de-lampes & vignettes agréables, gravures foigneufement traitées; en un mot on n'a rien épargné de ce qui pouvoit rendre ce livre intéreffant: heureufement les perfections de l'ouvrage de M. Major ne diminuent en aucune maniere le mérite du travail de l'anonyme dont on donne ici la traduction. La matiere, quoique la même, ayant été traitée tout différemment, on a penfé que le Public verroit avec plaifir ces deux objets de comparaifon.

M. Dumont, membre des académies de Rome, Florence

(1) Cette differtation occupe environ le tiers de l'ouvrage.

&

& Boulogne, eſt le premier qui ait fait connoître par la gravure (1) les fameux temples de *Pæſtum :* il en publia ſept planches en 1764, & en expliqua le ſujet par un ſommaire où étoit nommé l'Artiſte célebre (2) qui lui en avoit confié les deſſeins : les journaux applaudirent au travail de M. Dumont; & l'auteur de *l'Année littéraire* (3), en particulier, ajouta aux éloges qu'il lui donna dans ſes feuilles hebdomadaires, ceux que lui avoit déja donnés l'Académie royale d'Architecture. On voit par l'extrait des regiſtres de cette Académie, en date du 17 ſeptembre 1764, que MM. les Commiſſaires rendent juſtice aux talents de M. Dumont; qu'ils reconnoiſſent l'utilité que l'Art devoit retirer de ſon œuvre en général, notamment des gravures concernant Saint Pierre de Rome, & les paralleles de pluſieurs grands théatres d'Italie & de France; qu'ils déclarent enfin " qu'ils ont vu avec plaiſir que M. Dumont a mis ,, au jour des plans & élévations des temples de *Pæſtum* ou ,, *Poſidonia*, ville aſſez conſidérable de la grande Grece, près ,, de Salerne, qui ſont d'autant plus importans pour l'archi- ,, tecture, qu'ils donnent connoiſſance de l'ordre dorique dans ,, des tems rapprochés de ſon origine ,,.

C'étoit donc ſeconder les vues de l'Académie, (& tel a été principalement notre deſſein) que de traduire le texte anglois imprimé en 1767, & de le joindre aux gravures de M. Dumont. Ses planches anciennes ſont aujourd'hui augmentées, 1°. d'une vue générale de la ville de *Pæſtum;* 2°. de l'inſcription d'un *ſarcophage* déterré aux environs de cette ville, toutes deux d'après M. J. Miller.

Par une ſingularité qui mérite d'être obſervée, M. Miller a jugé à propos d'orner ſa planche du *ſarcophage*, de quatre empreintes de médailles ou monnoies, dont notre texte de

(1) Nous ſaiſiſſons avec empreſſement cette occaſion-ci pour annoncer au Public qu'on trouve des notes ſur la ville de *Pæſtum*, dans le *voyage d'un François en Italie, fait en 1765 & 1766*. Cet ouvrage, qui vient de paroître chez Deſaint, en huit volumes *in-12*, renferme les plans de toutes les grandes villes d'Italie : on y lit des détails auſſi inſtructifs ſur l'ancien *Pæſtum*, que neufs ſur d'autres objets en général; tels en un mot qu'on devoit les attendre d'un philoſophe accoutumé à bien voir.

(2) Voyez la ſeconde note de la préface qui ſuit, pag. 10.

(3) Année 1766, pag. 263.

1767 n'a fait aucune mention; & d'un autre côté M. Thomas Major n'a point parlé du *ſarcophage*, quoique cette antiquité ſoit digne d'attention : mais dans ſa diſſertation ſur les monnoies de *Pæſtum*, il rapporte, d'après Goltzius, les médailles ou pieces de monnoies dont M. Miller a donné les empreintes. Ces deux auteurs ſerviront de ſupplément l'un à l'autre; & M. Major nous fournira l'explication qui manque dans M. Miller.

Les deux empreintes de la droite, c'eſt-à-dire, la médaille ou piece de monnoie, qui ſur l'une de ſes faces offre la figure d'un cheval à mi-corps, & ſur le revers un pampre chargé de fruits, paſſe pour la ſeule médaille de *Poſidonia* qui ait été frappée en or. Nous penſons que la médaille de la gauche eſt d'argent, & nous fondons cette conjecture ſur ſon analogie avec la piece de même métal, rapportée comme la précédente par M. Thomas Major, d'après Goltzius. On y voit d'un côté Neptune menaçant, & de l'autre un taureau. Cependant, outre quelque légere différence dans les tridens & les draperies, notre médaille a de plus que celle de M. Thomas Major, une légende compoſée des premieres lettres greques du mot *Poſidonia*, qui ſe liſent de la droite à la gauche; le dieu des mers y eſt auſſi repréſenté dans une attitude plus animée.

A ces eſtampes nouvellement gravées, M. Dumont en ajoute huit autres, qui paroîtront d'autant moins déplacées à la ſuite des *Ruines de Pæſtum*, que la plupart des ſujets qu'elles repréſentent ſe trouvent pareillement au royaume de Naples.

Ces huit planches ſont :

1°. Le réſervoir d'Agrippa, ou autrement, *piſcina mirabilis*, ſitué entre Bayes & le cap de Myſene.

Les plan & coupe de ce vaſte édifice confirment bien la haute idée que nous ont laiſſé les Romains de la grandeur de leurs monuments; celui-ci, qui eſt entierement voûté, porte dans œuvre deux cents huit pieds de longueur ſur quatre-vingt de large, & nous a paru pouvoir contenir au-delà de trois cents trente mille pieds cubes d'eau. Mais d'où la tiroit-on pour le remplir ? C'eſt ce que ne nous apprennent pas MM. Cochin & Bellicard, dans l'ouvrage (1) deſquels ſont rapportés & gravés en petit avec le réſervoir dont il eſt queſtion, deux autres monuments dont on va parler. Des antiquités auſſi précieuſes méritoient d'être gravées ſur une échelle beaucoup plus grande que celle à laquelle le format *in*-12 du livre de MM. Cochin & Bellicard les avoit obligés de ſe réduire.

2°. Le plan du *forum*, ou peut-être (2) du *chalcidique* de la ville d'*Herculanum*.

La même feuille contient encore les plans de deux temples qui étoient contigus au *forum*. Le cabinet du Roi de Naples à Portici a été enrichi des dépouilles de cet édifice, entr'autres de pluſieurs peintures à freſque, & de la ſtatue équeſtre de M. Nonius Baldus, que les auteurs des mêmes *obſervations ſur Herculanum* (3) regardent comme l'un des plus beaux morceaux de l'antiquité.

3°. Les plan & profil d'un caveau qu'on croit avoir été la ſépulture de quelque famille d'*Herculanum* (4).

L'architecte avoit ménagé au pourtour, dans l'épaiſſeur des murs, neuf petits enfoncements dans leſquels étoient logés des vaſes de terre ſimplement recouverts d'une tuile : au-deſſus de ces eſpeces de niches quarrées on voyoit, en caracteres rouges & négligemment tracés, les noms des perſonnes dont les reſtes repoſoient dans ces urnes cinéraires. M. le Marquis de Marigny qui ſe trouvoit à Naples en 1750, fut le premier qui pénétra dans ces ténébreuſes catacombes, par le paſſage que les ouvriers venoient d'ouvrir. Près du ſentier qui conduiſoit à ce caveau, on avoit découvert un édifice de grande

(1) Cet ouvrage curieux a pour titre : *Obſervations ſur les antiquités d'Herculanum*. Ses auteurs le publierent en 1750, à leur retour d'Italie, où ils avoient accompagné M. le Marquis de Marigny.

(2) Suivant Philander, le *chalcidique* étoit le lieu où ſe fabriquoient les monnoies, ou bien dans lequel ſe jugeoient les affaires qui y avoient rapport.

(3) Voy. Obſervat. ſur les antiquités d'Herculanum, pag. 57.

(4) On doit obſerver que M. Dumont n'a point tiré de l'ouvrage de MM. Cochin & Bellicard les deſſeins des monumens gravés dans les trois planches ci-deſſus. Il en a lui-même pris les meſures, & levé les plans ſur les lieux.

apparence, dont on ignoroit l'ancienne destination; les vestiges de ce monument se trouvent pareillement représentés dans cette planche.

4°. & 5°. Deux tableaux, dont l'un donne le plan, & l'autre l'élévation du mont Vésuve, tel qu'il étoit en 1750, lorsque MM. *Soufflot* & *Dumont* furent eux-mêmes à portée d'en juger & d'en mesurer les diverses parties.

Après avoir parlé d'*Herculanum*, ville jadis si florissante, mais devenue tout à coup souterreine (1) par l'immensité des matieres ardentes qu'entraînerent les torrents enflammés du Vésuve, il falloit présenter sur la scène, à son tour, ce rapide & terrible agent de la nature.

6°. La planche qui suit immédiatement après celles du Vésuve, représente une vue de la *délicieuse* ville de Capoue, dans le lointain de laquelle on distingue le volcan dans un moment d'explosion.

7°. & 8°. La représentation de deux petits *coffres cinéraires* antiques de *Villa Mathei*, près de Rome; ils sont en forme de tombeaux, & l'on croit qu'ils paroissent pour la premiere fois, quoiqu'ils eussent mérité plutôt les honneurs de la gravure.

9°. Enfin, la collection qui, au total, consiste en dix-huit planches, est terminée par une carte géographique, qui fixe la vraie position de *Pæstum*, & comprend en même tems les autres lieux dont on a fait mention dans ce volume.

Nous suppléons avec plaisir à l'oubli des deux auteurs Anglois, qui l'un & l'autre ont également négligé un moyen si propre à faciliter l'intelligence d'un ouvrage tel que celui-ci.

(1) Ce fut au commencement du regne de Titus qu'arriva cette terrible catastrophe.

PRÉFACE

PRÉFACE
DE L'AUTEUR.

VERS l'année 1755 (1), l'éleve d'un peintre de Naples étant en vacances à Cappacio sa patrie, la chasse ou la promenade le conduisirent sur des collines qui environnent l'ancien territoire de *Pæstum ;* il n'y apperçut pour toute habitation qu'une métairie couverte de paille, & tenue par un métayer, qui cultivant les meilleures parties du terrein, tenoit les autres en réserve pour la pâture de ses bestiaux ; les ruines de l'ancienne ville faisoient partie de cette réserve. De la colline d'où on les découvroit, ces ruines avoient frappé les yeux du jeune éleve, qui s'en étant approché, vit avec étonnement des ramparts & des portes encore subsistantes, des rues dont on pouvoit suivre l'allignement, des édifices publics & des temples, dont le tems avoit respecté la solidité. En revenant à Cappacio, l'artiste consulta la tradition du voisinage sur ces monumens ; & il apprit que de tems immémorial ce terrein étoit inculte & abandonné ; que depuis dix à douze ans le métayer, dont il avoit vu l'habitation, s'étoit avisé de s'y établir ; qu'ayant fouillé les masures qui environnent cette habitation, il y avoit trouvé des trésors qui l'avoient enrichi, & mis en état de prendre à cens ce terrein vague & inhabité.

De retour à Naples, le jeune éleve s'empressa de faire part de sa découverte à son maître, qui voulut aller lui-même à *Pæstum*, & qui étant sur les lieux, en leva les principales vues (2), & les communiqua au Roi de Naples, lequel ordonna

(1) Les *nouveaux mémoires, ou observations sur l'Italie, par deux gentilshommes Suédois*, & dont la prétendue traduction françoise parut en 1764, ayant fourni à l'auteur des *Ruines de Pæstum* une partie des faits qu'il a rapportés dans sa préface, le traducteur ne s'est fait aucun scrupule d'employer les propres expressions des *nouveaux mémoires*, lorsqu'elles se sont trouvées absolument conformes au texte anglois ; mais il croiroit s'exposer à de justes reproches, s'il n'indiquoit pas cette source. Voyez donc le tome III, pag. 86 desdits *mémoires*, dont l'auteur (M. Grosley, de Troyes en Champagne) auroit pu, sans risque, attendre sous son propre nom le jugement du Public.

(2) L'auteur Anglois s'écarte en cet endroit du texte françois qu'il avoit adopté. Ce texte ne dit pas que le peintre Napolitain ait levé les vues de *Pæstum* ; mais il dit que M. le Comte de Gazola, grand maître d'artillerie, en fit lever sous ses yeux les plans & élévations ; qu'il occupoit les meilleurs artistes de Naples à les graver chez lui, & qu'il conduisit sur ces ruines le Roi lui-même, qui les avoit assignées pour le rendez-vous d'une grande chasse.

Quoiqu'en général l'histoire soit un peu embellie, on ne prétend contester ni aux dessina-

en conséquence d'enlever la terre & les décombres qui déroboient l'aspect de ces ruines précieuses, & rompit ainsi le sombre voile sous lequel gissoit la ville de *Pæstum*, depuis plus de sept cents ans, également ignorée de ses voisins & des voyageurs.

L'histoire de cette ville, l'exacte description de ce qui nous en reste, les figures soigneusement gravées de ses ruines, notamment celles de trois temples, dont le genre d'architecture annonce la plus haute antiquité, sont le sujet de cet ouvrage. On a tâché de le rendre intéressant, soit en rapportant les diverses opinions qui ont partagé les savans sur la curieuse inscription d'un sarcophage antique trouvé aux environs de *Pæstum*, soit en y joignant quelques observations sur l'ordre dorique considéré dans les tems les plus voisins de son origine.

Cependant, comme la matiere que l'on traite dans cet écrit semble plutôt du ressort des savans en général & des antiquaires, que propre à former des architectes, on a évité de le rendre volumineux par des détails de mesures. On s'est déterminé d'autant plus volontiers à les supprimer, qu'elles seront incessamment publiées par M. le Comte de Gazola, grand maître d'artillerie du Roi de Naples (1). D'ailleurs, qu'il soit permis de le dire, l'exactitude minutieuse (2) à laquelle il semble que les écrivains,

teurs de M. le Comte de Gazola, ni au peintre de Naples lui-même, d'avoir dessiné des vues de *Pæstum*; mais il n'en est pas moins vrai qu'avant M. Souflot personne n'avoit levé les plans des temples dont il s'agit; qu'en 1750 il en prit les dimensions, & qu'il en figura géométriquement les élévations. D'où il résulte, 1°. que les mémoires d'après lesquels a écrit M. Grosley, n'ont pas été toujours exacts quant aux dates, puisqu'il ne pouvoit être question de découvrir, vers l'année 1755, une ville que M. Souflot avoit visitée plusieurs années auparavant. 2°. Qu'ils n'étoient pas équitables pour la nation Françoise, puisque l'auteur des *Observations* abandonne aux Italiens l'honneur d'avoir, avant tous, mesuré les restes de *Pæstum*; tandis qu'on doit ces premieres mesures au zele actif d'un François. Ce fut M. Souflot, qui étant à Naples, entreprit le voyage de *Pæstum*, sur le récit qu'il entendit faire au peintre Natalis, de l'imposante majesté des monumens que renfermoient les murs antiques de cette ville. Nous en avons pour garant le discours (p.10), dont M. le Roy, membre & historiographe de l'Académie royale d'Architecture & de l'Institut de Boulogne, a fait précéder le savant & curieux ouvrage qu'il publia dès 1758, sous le titre de *Ruines des plus beaux monumens de la Grece*. Ce sont les mêmes desseins dont parle M. le Roy, & que M. Souflot conservoit dans ses porte-feuilles depuis 1750, que M. Dumont mit au jour en 1764, & qui par conséquent ont précédé d'environ trois ans l'ouvrage anglois dont nous donnons aujourd'hui la traduction.

(1) Il nous reste peu d'espérance de jouir de l'ouvrage annoncé, M. de Gazola ayant quitté le séjour de Naples pour suivre son maître lorsqu'il fut appellé au trône d'Espagne. On ose se flatter que les détails de mesures qui se trouvent ici, pourront tenir lieu de ceux que le Public attendoit de M. le Comte de Gazola.

(2) Quoi qu'en dise l'auteur Anglois, on aura rendu cet ouvrage plus intéressant pour les architectes & pour les antiquaires, en donnant des plans exacts, ainsi que des élévations géométrales des temples gravés d'après les desseins de M. Souflot, & suivant les mesures qu'il en prit en 1750. Les planches feront connoître quelles ont été les premieres proportions de l'ordre dorique; les détails qu'elles présentent ne peuvent pas nuire à l'imagination, ni énerver

qui nous ont donné les mesures des ruines de l'ancienne Grece & de Rome, se soient fait un devoir de s'astreindre, a beaucoup moins hâté qu'on ne le pense peut-être, les progrès de l'architecture moderne. L'abus des détails resserre l'imagination, énerve le génie, le détourne de saisir l'ensemble, & l'empêche de s'élever à ce point de sublime & de grandeur qui caractérisa la maniere de faire des anciens architectes. Et en effet, les plus grands maîtres de l'antiquité se sont-ils piqués de tant de scrupules ? A peine rencontre-t-on deux colonnes ou deux entre-colonnes absolument semblables dans les monumens qu'ils nous ont laissés. Et comme si cette sorte de négligence hardie eût dû rejaillir en quelque sorte jusques sur les écrits de nos architectes modernes, le célebre Desgodetz, lui-même, après avoir si soigneusement mesuré les différentes parties du Pantheon, n'en a pas moins laissé échapper plusieurs erreurs de mesures dans ses détails du temple de Vesta à Tivoli, des colonnes de *Campo Vaccinio*, & de plusieurs autres monumens de l'antiquité.

le génie, comme l'auteur Anglois paroît l'avoir craint ; ils doivent au contraire contribuer à l'étendre par l'emploi des différentes proportions, suivant les différentes circonstances. Ils feront voir que toutes les fois que dans un ouvrage, des parties quelconques ont des rapports entre elles, & avec le tout, il en résulte un bon effet pour l'ensemble : ce bon effet naît principalement de l'unité de caractere ; & *c'est peut-être de ce principe*, & *non de négligence*, que proviennent les différences des mesures & des détails dans les ouvrages des anciens : car à en juger par Vitruve, les architectes s'en occupoient, du moins jusqu'à un certain point. Ce n'est pas parce que cette sorte de négligence hardie devoit rejaillir jusques sur les écrits des architectes modernes, que l'on trouve quelques erreurs de mesure dans l'ouvrage du célebre Desgodetz. Il peut se faire qu'il n'y en ait réellement ni dans ses opérations, ni dans celles de l'architecte qui les auroit vérifiées. Il suffit, pour être discordant sur quelques parties, que le premier ait mesuré dans un endroit, & le second dans un autre ; ces différences viennent de l'exécution, qui ne peut jamais être parfaitement juste dans de grands édifices. Il est vrai que quand les inexactitudes n'y sont pas considérables, l'œil ne sauroit les apprécier ; & qu'en général l'exactitude scrupuleusement minutieuse n'y est pas d'une absolue nécessité. *Ubi plura nitent, non ego paucis offendar maculis.*

Vraisemblablement il ne sera pas difficile de deviner de qui le traducteur tient cette observation ; en tout cas on reconnoîtra aisément qu'elle est de main de maître.

HISTOIRE
DE LA VILLE
DE PŒSTUM.

POSIDONIA, ou PŒSTUM, est situé à environ un mille de la mer, au fond d'une petite baie qui fait partie du golphe de *Salerne*, à une lieue, Est, de l'embouchure du fleuve *Selo*(*), & à vingt-deux lieues, Sud-Est, de Naples. Son nom, *Posidonia*, tiré du grec, & qu'on peut rendre par le mot latin *Neptunia*, annonce qu'elle fut originairement consacrée au Dieu des mers; étimologie qui d'ailleurs se trouve confirmée par plusieurs médailles, & par des figures en relief que l'on voit sur la clef de ceintre d'une porte située au nord de la ville.

Posidonia conserva long-tems son premier nom; l'on ne sait pas même dans quel tems au juste, & pour quelle cause elle prit celui de *Pœstum* : mais comme il paroit qu'elle portoit encore le premier, lorsqu'environ l'an 480 de la fondation de Rome, elle en devint l'une des colonies, il est à présumer que ce fut peu après cette époque que *Posidonia* changea de nom.

Suivant Solin, Posidonia fut bâtie par les Doriens; suivant Strabon, les Sibarites en furent les fondateurs : l'on ignore dans quel siecle. En général, elle paroît être de l'antiquité la plus reculée. Diodore de Sicile parlant des travaux d'Hercule, dit que ce héros aborda à Posidonia.

La population s'étant extrêmement multipliée parmi les Samnites, il s'en détacha une colonie nombreuse, qui vint s'établir à l'Est du fleuve *Selo*, dans une contrée qu'habitoient alors les *Chones*, ou plutôt *Chaones* & les *Œnotrii*. Le nouveau peuple prit ensuite le nom de

(*) Ce fleuve portoit autrefois le nom de *Silarus*. La qualité pétrifiante de ses eaux fut connue des anciens. Strabon (liv. VI) dit que si l'on y plongeoit une plante, elle se changeoit en pierre, sans perdre néanmoins sa forme & ses couleurs. Pline (liv. II, c. 103) fait mention pareillement de la nature pétrifiante du *Silarus*, & ajoute que cependant l'eau n'en est pas mauvaise à boire.

A

Lucanien. Il n'eſt pas facile de ſuivre avec une exactitude bien préciſe la chronologie de ces différens événemens : les apparences ſont néanmoins que les Samnites arriverent quelque tems avant la fondation de Rome : car depuis cette période aucun hiſtorien de marque n'a parlé des *Chaones* ni des *Œnotrii*, comme étant alors poſſeſſeurs du pays qu'habita depuis la nouvelle colonie ; d'où il eſt à préſumer que du tems de ces écrivains, les *Chaones* n'exiſtoient déja plus. D'ailleurs, Pythagore qui compta des Lucaniens parmi ſes éleves, floriſſoit vers la cinquantieme olympiade : or, ſuivant Euſebe, ce philoſophe mourut à l'âge de quatre-vingt-dix ans, dans la ſoixante-dixieme olympiade ; c'eſt-à-dire, environ vers la deux cent cinquante-ſeptieme année de la fondation de Rome. Quelques écrivains, à la vérité, font Pythagore contemporain de Numa ; mais cette erreur ſe trouve réfutée par Tite-Live, qui place Pythagore ſous le regne de Servius Tullius ; ajoutant qu'alors il enſeignoit la philoſophie en Italie. Ciceron dit que ce philoſophe y tenoit école ſous Tarquin le Superbe. Jamblicus, qui le rapproche encore davantage, ſavoir, de la ſoixantieme olympiade, rapporte les noms de ſix Lucaniens qui étoient alors ſes écoliers ; ce qui s'accorde avec ce que nous en diſent dans ſa vie Maleus & Diogene de Laërce. Ainſi, puiſque les Lucaniens étoient déja renommés dès ces tems-là, non-ſeulement on ne ſauroit guere préſumer qu'ils ne fuſſent alors qu'une colonie récente ; mais il y a lieu de penſer qu'en la cent ſoixante-dixieme année de Rome, il y avoit déja long-tems que cette nation avoit quitté ſon pays natal pour venir s'établir dans la grande Grèce.

Les Lucaniens n'eurent pas plutôt paſſé le *Silo*, qu'ils dirigèrent leurs premiers coups ſur *Poſidònia*, dont ils ſe rendirent maîtres après pluſieurs combats contre les habitans & contre leurs alliés. Quelques Poſidoniens reſtèrent cependant dans la ville, avec la permiſſion des vainqueurs, & même ils y inſtituèrent une cérémonie anniverſaire, qui conſiſtoit à gémir & à déplorer enſemble la perte de leur ancienne liberté.

Après la priſe de *Poſidonia*, les villes grecques en Italie formèrent une confédération générale pour s'oppoſer aux entrepriſes des Lucaniens ; ce qui ſuſpendit réellement l'exécution de leurs projets ambitieux : mais dans la quatre-vingt-ſeptiéme olympiade, c'eſt-à-dire, la trois cent ſoixante-deuxiéme année après la fondation de Rome, les uſurpateurs ſoutenus de Denys, Tyran de Syracuſe, leur allié, aſſiégèrent la ville de *Thurium* (*). Les Grecs, avec leurs forces réu-

(*) Thurium eſt la *Sibaris* des anciens.

nies, en conséquence de la ligue qu'ils avoient formée, marchèrent au secours de *Thurium ;* mais ayant été totalement mis en déroute par les Lucaniens, ils laissèrent dix mille hommes sur la place.

Encouragés par de tels succès, les Lucaniens s'emparèrent de plusieurs autres villes de la grande Grèce, & portèrent en peu de tems leur domination jusqu'à *Crimissa* en Calabre, & *Metapontum* dans la baie de Tarente.

Vers l'an de Rome 423 ou 424, la ville de *Posidonià* fut assiégée par Alexandre, Roi des Molosses ; mais il la trouva si bien fortifiée, que malgré les avantages de deux batailles gagnées sur les Lucaniens, il fut obligé de lever le siége. Cette ville ainsi délivrée resta aux Lucaniens jusqu'à la quatre cent quatre-vingtiéme année de Rome, que les Romains s'en emparèrent, pour se venger de ce que ses habitans avoient osé fournir contre eux des secours à Pyrrhus. Par cet événement *Pæstum* devint colonie Romaine : elle eut ensuite le titre de ville municipale, comme on le voit par l'inscription suivante à *Villa Altimari all' Aranella*, près de Naples.

: : : : CAELIO, BALBINO PROCON : : : :
PECVN : : : ANN. LEG MVNICIPIO POEST : : :
MVNVS. BVSTVAR. ET FAR : : : (*) POP : : :
BIS : : : AM : : : : : :
M. BALBINVS. MVNER. IIX. TEST : : : : :

Cette inscription fixe à peu près le tems où *Pæstum* devint une ville municipale ; ce qui paroît avoir été pendant que le gouvernement de Rome fut républicain : car le *Munus Bustuarium*, ou les combats des gladiateurs aux funérailles, qui eurent lieu pour la premiere fois à Rome pour Junius Brutus, ne se pratiquoient que rarement sous les premiers Césars : on en lit la preuve dans Tite-Live. Cet historien rapporte comme un fait digne de remarque, que l'on donna de ces sortes de combats aux funérailles de M. Æmilius Lepidus, qui étoit de la famille de Scipion, & à celles de M. Valerius Lævinus, & de P. Licinius.

Une autre inscription qui se trouve pareillement à *Villa Altimari*,

(*) MUNUS FARREUM, c'est-à-dire, la distribution des gâteaux faits de farine d'orge, qui avoit lieu communément aux funérailles chez les Romains. Les Grecs rendoient cette cérémonie encore plus somptueuse, puisqu'ils donnoient le souper complet.

Epulum splendidum funebre mortuis facio. Vid. Antippum apud Anthæneum, lib. IX.

L'usage de distribuer des gâteaux dans ces tristes circonstances, se pratique encore aujourd'hui en quelques endroits de l'Angleterre.

paroît être non-seulement du tems de la République, mais même avoir précédé la guerre sociale, puisqu'après cette derniere époque les habitans des villes d'Italie ayant obtenu le privilege de Citoyens Romains, l'on confondit & l'on employa dès-lors indistinctement les dénominations de colonie, de ville municipale & de préfecture. Voici cette inscription.

P. CELSO. MVRINO. M. F. IIV. I. D. CVRAT.
(sic G)
ANNONÆ. CVRATORI. PVBLICOR. ÆDI ...
ORVM. DECENNIO. CONTINVO. PATR. MVNIC.
POEST. LARGISSIMO. EIVS MERITIS.
STATVAM. PVBLICE. PONI. PLACVIT.

Environ la cinq cent vingt-huitieme année de la fondation de Rome, lors de l'expédition de D. Quintus contre les Carthaginois, les villes de *Pæstum*, de *Regio* & de *Velia* fournirent ensemble un contingent de vingt vaisseaux ; & six ans après, les habitans de *Pæstum* envoyèrent, à titre de secours volontaire, quelques coupes d'or à la République, qui se trouvoit épuisée par la guerre Punique. Ces présens furent aussi généreusement refusés qu'ils avoient été généreusement offerts.

Cependant, en 541, quatre ans après la bataille de Cannes, lorsque la République se vit forcée de tirer du trésor public les produits du vingtiéme que l'on imposoit annuellement sur les biens des particuliers, pour n'y recourir néanmoins que dans les besoins les plus urgens, elle réclama l'assistance de ses colonies, qui étoient au nombre de trente. Vingt de ces colonies refusèrent toute espece de secours ; mais les dix autres, dont l'historien Tite-Live rapporte les noms avec éloge, & parmi lesquelles *Pæstum* se trouve comprise, fournirent des hommes & de l'argent à la République, & en reçurent du Sénat & du peuple des témoignages authentiques de reconnoissance. Aussi les Posidoniens paroissent-ils avoir été en grande faveur chez les Romains. Tite-Live rapporte que quelques jeunes gens de Rome ayant eu la témérité de frapper des députés qu'ils avoient envoyés au Sénat, la République livra ces imprudens à la juste vengeance des habitans de *Posidonia*.

On ne voit pas cependant qu'aucun historien de marque, pendant le gouvernement des Césars, ait parlé de cette ville dans ses écrits.

Sous le pontificat de Leon IV, mort en 855, ou même encore plutôt, quelques Sarrazins, qui avoient passé de Sicile dans la Calabre & en Lucanie, s'établirent en différentes parties de ces deux provinces,

provinces, mais particulierement à *Acropolis*, d'où ils faiſoient ſouvent des excurſions, & venoient ravager les contrées voiſines. En 866, Docibilis, Duc de Gaïete, harcelé ſans ceſſe par Pandenolfe, Seigneur de Capoue, aux hoſtilités duquel il n'étoit pas en état de réſiſter ſeul, eut recours aux forces des Sarrazins d'Acropolis. Le remede devint pire que le mal. A leur deſcente, ces barbares, qui s'étoient embarqués en grand nombre à Saint Athanaſe près de Fundi, campèrent ſur les hauteurs de Formia; & ſe diſperſant enſuite le long des rives du Gariglian, ils exercèrent pendant cinquante années les plus odieuſes vexations. Les choſes furent pouſſées ſi loin, que pour ſe défaire d'un auſſi pernicieux voiſinage, Antenolphe, Comte de Capoue, implora l'aſſiſtance de Conſtantin VIII, Empereur d'Orient. En effet, peu de tems après arriva en Italie un corps conſidérable de Grecs, ſous le commandement de Nicolas Patricius. Aux troupes de l'Empereur ſe joignirent celles du Pape Jean X, de Guaimard, Prince de Salerne, de Grégoire, Duc de Naples, & de Jean, Duc de Gaïete, & toutes enſemble marchant aux Sarrazins, ceux-ci furent entiérement défaits & paſſésaufil de l'épée.

Epouvantés par cette terrible & mémorable journée, les Sarrazins qui étoient en poſſeſſion d'Acropolis, prirent ſur le champ la réſolution de l'abandonner, & même de quitter abſolument la Sicile, & de ſe retirer en Afrique : mais avant de la mettre à exécution, ils projettèrent de piller la ville de *Pæſtum* dont ils étoient voiſins. L'an 930 de l'ère chrétienne, vers le milieu d'une nuit, ils ſe rendirent maitres de la ville par ſurpriſe, la ſaccagèrent & y mirent le feu.

Il reſtoit cependant encore des traces de l'ancienne magnificence de *Pæſtum*, lorſqu'en 1080 Robert Guiſcard acheva de détruire ce que la flamme & les Barbares même avoient épargné. Animé d'un zele pieux ſans doute, mais outré, il démolit les anciens édifices, dépouilla les temples de leurs ornemens, & enleva quantité de ſuperbes colonnes de verd-antique, pour en décorer une Egliſe qu'il faiſoit bâtir, ſur le lieu même où l'on prétend qu'avoient été trouvés les oſſemens de ſaint Mathieu.

Jamblicus (de vitâ Pythag.) rapporte qu'*Athamas*, *Simus*, *Proxenus*, *Cranias*, *Myctes*, *Bathilaus* & *Phædo*, tous diſciples de Pythagore, étoient de *Poſidonia*; & qu'il fut auſſi le maître de ce généreux Theſtor, qui entreprit un voyage dans l'iſle de Paros, uniquement à deſſein de ſecourir Thymaride dans ſes infortunes, & de le rétablir, à ſes propres frais, dans l'état de ſplendeur & d'opulence d'où quelques circonstances malheureuses l'avoient fait décheoir.

Parmi les hommes célebres nés à *Posidonia*, on compte encore Parmenides, celui qui remporta le prix dans la soixante-dix-huitieme olympiade, & qu'il ne faut pas confondre avec le fameux philosophe du même nom, dont *Velia* fut la patrie.

Suivant *Donatus*, ou Suétone, le sénateur *C. Terentius Lucanus*, qui affranchit le poëte comique Terence, & qui fut le frere de *Terentia*, épouse de Ciceron, naquit aussi à *Posidonia*. Ce fut ce sénateur, dit Pline, (hist. nat. liv. 35, c. 7.) qui le premier exposa en public des tableaux représentans les combats des gladiateurs.

Enfin, pour ne rien omettre de ce qui a pu contribuer à rendre fameuse la ville de *Pæstum*, nous dirons que les roses de ses jardins fleurissoient régulierement deux fois par an, & qu'elles furent célébrées à l'envi par les plus grands poëtes (*) de l'antiquité.

(*) De ce nombre sont : Virgile, géorg. liv. IV, v. 118.
Ovide, métamorph. liv. XV, v. 708.
Idem, *de Ponto*, liv. II, élég. 4, v. 27.
Martial, épigram. liv. IV, v. 42.
Idem, liv. IX, v. 26.
Idem, liv. IX, v. 60.
Properce, élég. liv. IV, v, 59.
Claudian, *de nuptiis Honorii*, v. 244.
Ausone, idyl. 4.

Il en a sans doute coûté beaucoup de recherches à notre auteur, pour rassembler un petit nombre de faits dispersés dans un grand nombre de volumes. Il ne s'est pas contenté de nommer ses garans, il a poussé l'attention, ou le scrupule, jusqu'à transcrire leurs propres termes, dans des notes chargées de citations greques & latines. Nous nous sommes épargné l'ennui de les copier, & au Public celui de les lire. L'Architecte qui a construit un édifice pour l'utilité ou pour le plaisir des citoyens, les fatigueroit à coup sûr, s'il faisoit passer en revue sous leurs yeux tous les matériaux qu'il y a fait entrer. La peine que se donne un écrivain, de rapporter les propres expressions de ceux qu'il a consultés, est peut-être nécessaire, lorsqu'il a puisé dans des sources peu connues, ou lorsqu'il s'agit de quelque trait assez singulier pour qu'on soit bien aise d'entendre parler le témoin lui-même. Mais en général, l'étalage d'érudition est un luxe qui depuis long-tems a passé de mode, ou plutôt que le bon goût a proscrit. Nous avons donc cru qu'il suffisoit d'indiquer les neuf passages des poëtes latins, que notre auteur a insérés dans son texte, en avertissant que M. Thomas Major, qui s'est piqué d'honneur, en a cité trois de plus. Si quelques Lecteurs pensent autrement que nous, il leur sera facile de satisfaire leur curiosité.

Les livres où les roses des jardins de *Pæstum* sont vantées, se trouvent dans tous les cabinets; *mais ce qui semble* digne de remarque, c'est que les anciens saisissant avec ardeur tout ce qui pouvoit dans la nature leur fournir des images agréables, n'ont pas négligé de faire valoir à cet égard les plus petits avantages dont jouissoient les heureuses contrées qu'ils habitoient. Nous savons, par douze témoignages célebres de l'antiquité, que les roses fleurissoient deux fois par an dans les jardins de *Pæstum* ; & presque toute la France ignore que les habitans d'un village à deux lieues de Paris, cultivent, non dans des jardins, mais en pleine campagne, une immense quantité de rosiers à cent feuilles. Aucun de nos poëtes, si je ne me trompe, n'a chanté jusqu'ici *Fontenay-aux-Roses* : cependant ses côteaux, embellis de ces riches présens de Flore, leurs parfums délicieux, & leurs couleurs brillantes, sont des tableaux pour la poésie.

INSCRIPTIONS

TROUVÉES A PÆSTUM.

I.

DANS le milieu d'une église, on lit sur un fragment de marbre qui semble avoir fait partie d'une frise, ces mots gravés en fort grands caracteres.

: : : : TAE. CONST.

II.

Autre fragment de marbre devant la porte.

GN. CORN : : : :

: : : : M : : : :

III.

P. CLAVDIVS. C. F.

C. SEXTILIVS. L. F.

DVO. VIREI

DESTV.

IV.

C. PETRONIVS. OPTATVS

MAG. MEN. BOMB.

STATVAM. BASIM. PLVTEV

SACR.

Ces deux inscriptions furent trouvées en creusant auprès de l'église. La suivante, qui a été copiée incorrectement par Muratori, (p. 239, n°. 1.) est gravée sur un marbre blanc, faisant actuellement partie d'une cheminée dans une petite maison située proche de la même église.

V.

DIV. ILLI. OB. PLVRIMA. ET A: : : :

ICIA. EIVS. ERGA. PATRIAM : : : :

DD. PP.

POPULO POSTULANTE.

V I.

Celle-ci est gravée sur un très-grand fragment de pierre : elle fut trouvée dans un champ près de *Pæstum.*

D. M.
C. AVGVRINO. PRIVEENATI. CLASS : : : :
D. PINARIVS. AVERRIO. CONT : : : :
IN. FR. P. XI : : : :

V I I.

C. PEDVLIO. VERRVCANO
FRVMENTO. P. P. COACTO
ANNONA. ITERVM. REPARATA
ORDO. ET. POP. POEST.

V I I I.

ATTICVS. VECTINV : : : :
HORTOS. ET PROXIMAS. CASAS : : : :
: : : : ETE. INHABITARET. AQ : : : :
DEDVC : : : : :

Les deux précédentes inscriptions sont engagées dans un mur qui sert de clôture à un champ entre *Pæstum* & le fleuve *Silo :* la suivante fait preuve de la considération dont jouissoient parmi les anciens ceux qui donnoient beaucoup de citoyens à l'Etat. Le *Tullius,* dont il est parlé, avoit vingt-huit enfans & quatre-vingt petits-enfans ; c'est à *Villa Altimari all' Aranella*, près de Naples, que l'on voit le marbre qui porte cette curieuse inscription.

I X.

M
TVLLI. OLERII. POESTANI
QVI. VIX. A. LXXXXV. D. XI. :
FF. XXXIII. NN. LXXIII.
C. L. PP.

X.

X.

Pirrho Ligorio a donné la figure de la *Fortuna Barbata* de Pœstum, avec les deux inscriptions suivantes.

FORTVNAE BARBATAE SACR.

L. AVRELIVS. MARCIANVS. AVG. LI.
BERTVS EXCEPTOR. S. S. L. M.

X I.

Nous trouvons aussi dans Muratori (p. 11, n°. 6; & p. 86, n°. 7.) les inscriptions que voici.

NYMPHIS. NYMP. SERM.
SACRVM.
L. ANTIVS. L. FIL. PA.
LATINA. ARCHI
TECTVS. D. D.

X I I.

LVCIO CANINIO. L. F. II. V. AVG.
:::: DEDICATIONE. AED ::: NEPTVN::::
EPVL .... TRID .... POP. DED.
COL. POEST.
L. D. D. D.

CONJECTURES SUR L'INSCRIPTION

D'UN SARCOPHAGE TROUVÉ AUX ENVIRONS DE PÆSTUM.

LE bloc qui porte l'inſcription (*) dont il s'agit, eſt aſſez groſſierement taillé ; il a environ huit pieds de longueur ſur deux & demi de largeur ; & l'on n'y apperçoit d'autres veſtiges de gravure ou de ſculpture, que l'inſcription même.

Les opinions des ſavans ſont fort partagées ſur ce monument. Le Patriarche d'Antioche, Aſſemani, l'un des bibliothécaires du Vatican, & qui a été pluſieurs fois en Egypte, juge cette inſcription Egyptienne, & les caractères hiéroglyphiques ; mais malheureuſement il ne ſe préſente point de caractères ſemblables à ceux-ci, ni ſur les obéliſques à Rome, ni ſur aucunes monnoies, ni ſur la *Tabula Iſiaca* à Turin.

Le fameux antiquaire Gori penſe au contraire que les ſignes de cette inſcription ont beaucoup de rapport avec ceux qu'employèrent les Gnoſtiques ou les Baſilidiens, & dont on trouve des exemples dans l'*Arithmologia* du P. Kirker ; ou bien avec cette ſorte de caractères ou chiffres inventés par Tyron, affranchi de Ciceron, & par Seneque, & que Gruter a rapportés à la fin de ſon *Corpus Inſcriptionum*.

D'autres ſavans préſument que ce ſont des caractères Cophtes ; (avec leſquels il faut avouer qu'ils ont de la reſſemblance) & que cette pierre ſervit de tombeau à un Sarrazin : d'autres enfin les croient Runiques, & veulent qu'elle ait éte le cercueil d'un Goth.

A ces conjectures on en peut ajouter une nouvelle, & donner à ces caractères une origine ou Phénicienne, ou Pélaſgienne. Les Pélaſgiens furent en effet les habitans de la Lucanie ; & ſuivant Pline (**), ils furent les introducteurs des lettres en Italie : ils les tenoient de Cadmus, qui lui-même les avoit reçues des Phéniciens, leurs véritables inventeurs. Les Pélaſgiens conſervèrent leurs caractères ou ſignes primitifs juſqu'à leur réunion aux Grecs, après la guerre de Troye ; & ſi, comme l'aſſure Herodote (***), les Pélaſgiens deſcendoient des Doriens, la ville de *Poſidonia* leur dut probablement ſon origine.

(*) Le graveur a orné de quatre types de médailles ou monnoies de *Paſtum* les angles de cette inſcription. Voyez l'Avant-Propos du Traducteur.

(**) Hiſt. nat. liv. VII, ch. 56.

(***) Liv. I.

DESCRIPTION
DE PÆSTUM.

La ville de *Pæstum* eſt de forme oblongue, & a environ deux milles & demi de circuit : elle eſt percée de quatre portes placées à l'oppoſite l'une de l'autre. Sur la clef du ceintre d'une de ces portes ſituées au Nord, & du côté de la campagne, ſe voit en bas-relief la figure de Neptune : ſur cette même clef, du côté intérieur de la ville, eſt auſſi en relief la figure d'un *hyppocampus* ou cheval marin.

A en juger par ce qui en ſubſiſte encore, les murs de l'enceinte étoient conſtruits de fort groſſes pierres cubiques, dont les paremens dreſſés avec le plus grand ſoin, ſuivant la méthode ordinaire des anciens, ſe joignoient parfaitement : cette premiere cauſe de leur longue réſiſtance aux injures du tems, paroît avoir été puiſſamment ſecondée par des concrétions on des ſtalactites, qui en ſe formant ſur les pierres, les ont, pour ainſi dire, encaſtrées & comme revêtues d'un nouvel enduit.

Ces murs en général aſſez épais par-tout, avoient juſqu'à dix-huit pieds d'épaiſſeur en quelques endroits. Ils étoient fortifiés de diſtance en diſtance par des tours de différentes proportions ; celles, par exemple, qui avoiſinent les portes de la ville, ſont beaucoup plus hautes & d'un plus grand diamètre que les autres : on les reconnoît évidemment les unes & les autres pour être de conſtruction moderne.

La ſituation de *Pæſtum* ne pouvoit manquer d'en rendre l'habitation fort mal-ſaine ; le marais connu ſous le nom de *Palus Lucaniæ*, eſt proche de la ville ; & tandis qu'en pluſieurs endroits il ſort au pied de ſes remparts diverſes petites ſources bitumineuſes, dont la réunion forme un ruiſſeau, un autre courant plus conſidérable, d'eau ſulphureuſe & d'un goût déſagréable, baigne ſes murs à l'Orient. Auſſi les anciens ont-ils remarqué que le ſéjour de cette ville n'étoit pas ſalubre. Strabon en accuſe les eaux ſtagnantes du voiſinage ; & actuellement encore il ne croît autre choſe, du côté de *Libecio*, que du jonc, des roſeaux & d'autres plantes aquatiques.

La mauvaiſe qualité des eaux de *Pæſtum* & des environs mit ſes habitans dans la néceſſité d'en tirer d'ailleurs à grands frais, comme le prouvent les reſtes de pluſieurs aqueducs, & particulierement de celui que l'on rencontre ſur le cheminn de *Capaccio nuovo à Trin-*

tenara. Près de *Casa Spinazzo*, à peu de distance de *Pæstum*, sont les débris de quelques autres aqueducs; mais la plus considérable portion du plus grand de tous, se rencontre après avoir passé la porte du Nord de la ville.

Les carrières du voisinage fournirent les pierres qu'on employa, tant à bâtir les aqueducs, qu'à la construction des remparts. Quant aux colonnes des temples, la pierre en est d'une nature totalement différente : on l'a tira des montagnes, au-dessus de *Capacccio Vecchio.*

Les principales antiquités de *Pæstum* consistent en trois théatres & trois temples.

Le théatre, ainsi que l'amphithéatre, sont presque entierement détruits. Celui-ci avoit dix rangs de siéges pour les spectateurs; son plus long diametre portoit environ cent trente pieds, & le moindre, quatre-vingt-dix ou à peu près.

Des trois temples, le premier est *hexastyle*, ou à six colonnes de face; & en même tems *amphiprostyle*, c'est-à-dire à deux portiques; un à chaque face : quatorze colonnes en décorent les flancs. On découvre dans l'intérieur les vestiges du mur qui formoit la partie appellée *cella*, ou nef, à l'extrêmité de laquelle se distinguent encore les pilastres, & deux colonnes qui la séparoient du *pronaos.* Au-dedans de la *cella* sont deux rangées de colonnes plus petites que les extérieures, & couronnées d'un architrave que surmonte un second ordre. Ce temple semble être de l'espèce que Vitruve nomme *hypætre;* ce qui signifie découvert & exposé aux injures du ciel.

Le second temple, *amphiprostyle* comme le précédent, a neuf colonnes de face, dix-huit sur les aîles, & paroît être *pseudodyptère*, nom que Vitruve donne aux temples qui n'ont pas deux rangs de colonnes comme les *dyptères.*

On apperçoit au-dedans les traces du mur & des pilastres de la *cella*, dans le milieu de laquelle regnoit d'un bout à l'autre une file de colonnes dont il n'en subsiste que trois seulement. Il paroît que la disposition peu usitée de ces colonnes fut imaginée pour supporter le faitage du bâtiment : car, suivant Vitruve, le poinçon, en latin *columen*, d'où ensuite a été dérivé le mot *columna*, (une colonne) avoit tiré lui-même sa dénomination de *culmen* (*), faîtage du bâtiment. La

(*) « Le *columen* ou poinçon (dit Perrault, Architecture de Vitruve, pag. 110, note 5.) est une » piece de bois qui se pose à-plomb, & qui soutient le *culmen*, ainsi appellé à cause qu'il a » dessus soi le *culmus*, qui vient de *calamus*, c'est-à-dire, le chaume fait du tuyau qui porte » l'épi de blé; les premiers toits ayant été couverts de chaume.

premiere

premiere destination des colonnes fut donc vraisemblablement de soulager la portée du faîtage, qui est une longue piéce de bois posée à niveau au haut du toit ; & elles furent placées à ce dessein dans le milieu des édifices : on en trouve des exemples dans les plus anciens des temples qui nous restent.

Il y a, suivant le voyageur Norden, au milieu d'un temple à Kommonbu dans la haute Egypte, un rang de colonnes qui le parcourt d'un bout à l'autre sur toute sa longueur. Le même voyageur décrit un autre temple nommé le *Temple du Serpent Cnuphys*, dont l'entablement de la porte est soutenu dans son milieu par une seule colonne.

On voit aussi à Egine, dit M. le Roy (*), un temple, au second portique duquel sont cinq colonnes, dont une, qui se trouve au milieu de la baie, servoit sans doute au même usage que celle qui partageoit l'entrée du temple *du Serpent Cnuphys;* car comme le faîtage est la partie du bâtiment la plus éloignée des murs, & que le milieu du linteau d'une porte en est la partie qui fatigue davantage, sur-tout lorsque les pieds droits sont fort distans l'un de l'autre, le moyen le

(*) Voici comment s'explique M. le Roy, dans une note, pag. x, du *Discours sur l'Histoire de l'Architecture Civile*, qu'il a mise à la tête de son ouvrage, intitulé : *les Ruines des plus beaux monumens de la Grèce*.

L'auteur, après avoir développé son sentiment sur l'usage primitif des colonnes, ou plutôt des troncs d'arbres qu'il juge avoir été employés primitivement à soutenir les solives transversales des plafonds par le milieu, &c. ajoute : « J'ai formé cette conjecture sur la maniere dont les colonnes » ont été placées d'abord dans les temples Grecs, d'après la construction de deux temples de la plus » haute antiquité : l'un que l'on voit en Italie à *Pæstum*, ville ancienne de la grande Grèce, située » à vingt-deux lieues de Naples, a une file de colonnes rangées dans le milieu de l'intérieur, » justement comme nous supposons qu'ont été d'abord placées les premieres colonnes dans les » édifices; l'autre à Egine, a cinq colonnes au second portique de ses façades, & par conséquent » aussi une colonne dans le milieu. Enfin ce qui paroît autoriser mon sentiment, c'est l'origine » du mot latin *columen*, qui signifie *colonne*. Il a pris son nom, dit Vitruve, d'une piéce de bois » appellée *culmen*, qu'il soutenoit, & qui étoit placée sous le faîte du comble. Le Public sera bien- » tôt en état de juger du cas qu'il doit faire de la conjecture que j'ai formée en partie d'après » un des temples de *Pæstum*. M. le Comte de Gazola, Commandant de l'Artillerie du Roi des » deux Siciles, doit bientôt les donner au Public. M. Souflot, Architecte du Roi & Contrôleur » de Paris, en a fait voir ici plusieurs plans très-curieux, qu'il a dessinés sur les lieux avec beau- » coup de soin ».

M. le Roy revient encore sur cette matiere, pag. 12 des *Observations sur les édifices des anciens peuples*, imprimées en 1767. Il dit, en faisant comparaison de la disposition générale du tabernacle à celle du temple de Bubastis & aux temples Grecs, que « la masse générale de l'élévation du » temple étoit semblable, à-peu-près, à celle des temples *prostyles*. Elle nous présente, ajoute-t-il, » une assez grande singularité, dont on pourroit faire usage pour prouver l'antiquité de cet édi- » fice, si on avoit besoin de cette sorte de preuve : car sa façade avoit cinq colonnes dans sa » largeur, & par conséquent une dans le milieu; & c'est une chose qui nous paroît bien mé- » riter d'être observée, qu'on ne trouve cette irrégularité que dans trois temples, qui tous pa- » roissent être de la plus haute antiquité; l'un en Egypte, l'autre dans la Grèce, & l'autre dans » la grande Grèce, à *Pæstum*.

plus ſimple de prévenir la chûte de l'un & la fracture de l'autre, étoit de placer une ou pluſieurs colonnes dans le milieu de l'eſpace.

Le troiſième temple, auſſi *amphiproſtyle* comme les précedens, eſt le plus petit des trois : il y a ſix colonnes de front, treize ſur les côtés, & paroît devoir être rangé dans l'ordre des temples *pérypteres*, ou qui ont des colonnes tout à l'entour. On découvre encore dans celui-ci quelques veſtiges de la *cella*, ainſi que les colonnes du *pronaos*, c'eſt-à-dire du porche.

Suivant les proportions anciennes, les temples devoient avoir en longueur au moins le double de leur largeur : tels ſont les temples de Minerve à Athènes, où il y a huit colonnes de face, & dix-ſept aux aîles; & le temple de Théſée, qui a ſix colonnes de face & treize à ſes flancs (*). Mais les Romains ne donnèrent pas autant de longueur à leurs temples que les Grecs. Vitruve dit poſitivement que les temples qu'il nomme *pſeudodyptéres*, doivent avoir huit colonnes de front & quinze ſur les côtés, y compris les colonnes qui terminent les quatre coins ; & que la régle des *péryptéres* exige ſix colonnes de front & onze aux aîles, auſſi en y comprenant les colonnes des angles.

Celles des trois temples de *Pæſtum* ſont d'ordre Dorique, le premier des ordres qui ait été employé ; & elles ont à peine cinq de leur diametre en hauteur. Elles ne portent ſur aucune baſe, ce qu'on a regardé comme la preuve caractériſtique de leur très-haute antiquité ; mais ce qui, pour dire le vrai, n'en eſt pas une, les anciens n'ayant jamais donné de baſe aux colonnes Doriques, ſi ce n'eſt peut-être dans tous les derniers tems. Vitruve ne fait aucune mention de baſes attribuées à cet ordre ; & le ſeul exemple que l'antiquité nous fourniſſe de leur emploi, ſe voit à Rome dans le premier ordre du Coliſée, qui fut bâti par l'Empereur Veſpaſien : les colonnes y ſont cannelées peu profondément & dans les proportions décrites par Vitruve (**).

Les colonnes du temple de *Pæſtum* diminuent de diametre dès leur naiſſance ; méthode que les anciens ſuivirent aſſez généralement dans les différens ordres d'Architecture qu'ils employèrent. Elles ſont terminées par un aſtragale ; ce qui détruit la prétention de quelques Architectes qui ont cru que l'aſtragale qui termine le ſommet des

(*) Voy. les Ruines de la Grèce, part. I. pag. 8, 9, & 21.

(**) Liv. IV, chap. 3.

colonnes Doriques, fut inventé par les Grecs pour l'ordre Ionique, d'où les Romains l'empruntèrent pour l'appliquer au Dorique. Le profil de cet aſtragale a quelque choſe de ſingulier pour la forme: quant à l'échine ou tore du chapiteau, il reſſemble entierement aux aſtragales des colonnes du temple de Corinthe, décrit par M. le Roy; l'architrave & la friſe ne tombent pas perpendiculairement ſur le nud de la partie ſupérieure des colonnes, comme Vitruve le preſcrit, mais ſont ſaillie au-delà; ce qui fut conſtamment pratiqué par les Grecs, & ce qui continua de l'être de la ſorte juſqu'au regne d'Auguſte: tems auxquels les Grecs & les Romains enſuite retranchèrent non-ſeulement la ſaillie de leurs architraves, mais même les repouſſèrent encore au-delà de l'à-plomb du fût des colonnes. La face ou partie antérieure des triglyphes affleure à l'architrave; & de même qu'à tous les temples Doriques Grecs, les angles des friſes ſont auſſi terminés par un de ces triglyphes, & non par une portion du métope, comme l'ont fait les Romains, ſoit afin de rendre leurs entre-colonnes égaux par-tout, ſoit afin que le milieu des triglyphes, au-deſſus des colonnes qui ſont aux quatre angles de l'édifice, fût perpendiculaire à l'axe de ces mêmes colonnes.

A l'égard des mutules, leur inclinaiſon eſt la même que celle du fronton; ce que les Grecs ont toujours pratiqué de la ſorte; ce que Vitruve (*) recommande, & ce qui a été ſuivi de Palladio, de Vignole & de pluſieurs Architectes modernes; mais l'on ne voit point du tout de mutule ſous la corniche du fronton: auſſi Vitruve obſerve-t-il que les Grecs n'en placèrent jamais dans cet endroit, non plus que de denticules, parce que ces membres d'Architecture étant cenſés repréſenter certaines parties du toit, telles que les extrêmités des chevrons & le bout des forces, ou d'autres pieces de charpente qui n'aboutiſſent point au fronton d'un édifice, on ne doit point les y figurer en pierre.

La conſtruction des temples de *Pæſtum* paroît avoir ſuivi de près le tems où les Grecs commencèrent à perfectionner l'Architecture, & à lui donner cette légéreté & cette fineſſe de proportions, que n'eurent point les lourdes maſſes Egyptiennes, qui pourtant ſervirent de modèle: car c'eſt ſans fondement que quelques écrivains modernes ont accordé aux Grecs l'honneur de l'invention de l'Architecture.

Cet art, ainſi que pluſieurs autres, eſt dû aux Egyptiens; & quoi-

(*) Liv. IV, chap. 2.

qu'on ait avancé, comme preuve du contraire, que la forme du temple des Grecs est exactement semblable à celles qu'eurent d'abord leurs cabanes, il ne s'ensuit de-là autre chose, sinon que cette distribution particulière convenoit apparemment à la nature de leur culte, sans qu'il y ait aucune conséquence à en tirer, respectivement à l'Architecture en général; peut-être même ne seroit-il pas impossible de démontrer que l'histoire rapportée par Vitruve, du Sculpteur Callimachus, réputé auteur du chapiteau Corinthien, n'est en soi qu'une pure fable, & que cet ordre, le plus élégant que nous ayions, tire néanmoins son origine de l'Architecture Egyptienne : il suffiroit d'arranger par ordre & par progression de richesses dans les ornemens, la suite des chapiteaux Egyptiens recueillis par Pocock & par Norden ; on y verroit ces chapiteaux prendre d'abord la forme de pannier, (qui en fait le principal caractere) mais absolument nud; puis se revêtir successivement & par degrés, de feuilles d'achante & de branches d'olivier, & arriver enfin à son véritable point de perfection. Mais revenons au plus ancien de tous les ordres.

Les colonnes Doriques tiennent, à beaucoup d'égards, des tiges d'arbres dont se servirent les premiers hommes pour soutenir le poids du toit de leurs cabanes. Comme les habitations furent d'abord très-basses, les piliers employés à leur construction, n'eurent aussi que peu de hauteur, respectivement sur-tout aux diametres des gros arbres qu'on mit en œuvre, & qui, malgré l'inélégance de leurs proportions, fournirent néanmoins le modele des colonnes qu'on exécuta par la suite, lorsqu'on substitua la pierre au bois : c'est pour cette raison sans doute, que les colonnes de presque tous les temples qui nous restent dans la haute Egypte, n'ont pas plus de trois ou quatre de leurs diametres en hauteur, & qu'à peine sont-elles un peu plus menues à la partie supérieure qu'à leur base; ces mêmes colonnes Egyptiennes (qui ont, pour la plûpart, une étroite connexité avec l'ordre Dorique) portent trois ou quatre anneaux sous l'échine de leur chapiteau; ces sortes de moulures se rencontrent trop constamment à toutes les colonnes de la plus haute antiquité, pour qu'on ne soit pas fondé à les regarder comme l'imitation de certains cercles de métal dont fut armée probablement l'extrêmité supérieure des premiers piliers de bois, soit pour les empêcher de se fendre, lorsqu'on les faisoit d'une seule piéce, soit peut-être afin d'accoller & réunir plusieurs piéces ensemble, pour en composer une seule colonne & plus grosse & plus solide.

Quoi qu'il en ſoit, ſi la briéveté des colonnes devoit ſuffire ſeule pour prononcer ſur le degré d'antiquité des temples juſqu'ici connus, le temple de Corinthe, décrit par M. le Roy (*), ſeroit réputé ſans aucun doute le plus ancien de toute la Grèce; ſes colonnes (dont la groſſeur eſt de ſix pieds) n'ayant pas quatre diamètres de hauteur: mais quelques circonſtances particulieres ont porté cet habile Architecte à donner le pas de l'ancienneté à un édifice (**) qu'il découvrit à *Thoricion* dans l'Attique, à dix lieues d'Athènes. L'*Hipotrachelion* ou gorgerin des colonnes de ce temple eſt cannelé, le reſte liſſe: il y a trois cavets ou anneaux ſous l'échine, qui n'eſt point arrondie, mais taillée en biſeau, & l'abaque n'a de ſaillie que celle du fût de la colonne par le pied.

Le temple d'Apollon à Delos eſt regardé par le même hiſtorien comme le troiſième en ordre d'ancienneté; auſſi les colonnes en ſont-elles plus élégantes, à tous égards, qu'au temple de Corinthe; & pour me ſervir des termes mêmes de M. le Roy, « elles ont en bas » des cannelures qui ne ſont pas aux autres colonnes, & elles diminuent moins par le haut; leur chapiteau eſt auſſi d'une forme plus » recherchée, ſon tailloir ayant plus de ſaillie, & ſon échine, quoi-» que plate par ſon profil, n'étant cependant pas un ſimple biſeau. » Au-deſſous de cette derniere partie, le chapiteau a (comme aux » colonnes de Thoricion) trois petits cavets ſéparés l'un de l'autre » par de très-petits filets, & ſon gorgerin eſt orné de même de can-» nelures plates. Cette particularité eſt d'autant plus remarquable, que » les cannelures ſont répétées au bas de la colonne, & que tout le » corps de la colonne eſt liſſe ».

Suppoſé que la conſtruction des temples de *Pæſtum* ne remonte pas tout-à-fait auſſi haut que les conſtructions des trois temples dont on vient de parler, les uns & les autres paroiſſent ne pas s'éloigner du même tems; & l'on peut du moins aſſurer que l'on ne connoît point de temples dans la grande Grèce, qui ſoient d'auſſi haute antiquité que ceux de *Pæſtum*. Il eſt aiſé de ſentir, d'après l'idée générale que nous avons donnée de l'ordre Dorique, conſidéré dans ſon état primitif, combien ſon état actuel en differe eſſentiellement. Mais ſans haſarder de décider quelle eſt celle des deux manieres qui mérite la préférence, nous nous contenterons d'obſerver que, ſi « la colonne

(*) Voy. Ruines de la Grèce, premiere partie, pag. 4, & ſeconde partie, pag. 5.

(**) Voy. auſſi part. 2, pag. 2.

» Dorique fut premiérement mise dans les édifices, ayant la proportion, la force & la beauté du corps de l'homme » (*) elle semble s'être insensiblement éloignée de son caractère primordial, & avoir perdu des graces de sa noble simplicité, à mesure qu'on lui a donné plus de sur-exhaussement, ou que, sans égard ni à sa véritable destination, ni peut-être au bon goût, on l'a chargée davantage d'ornemens empruntés d'ordres plus sveltes, plus élégans & plus délicats.

(*) Voy. Architecture de Vitruve, par Perrault, liv. IV, chap. 1, pag. 105.

FIN.

AVIS AU RELIEUR.

SUR l'ordre dans lequel les Planches doivent être placées (*).

1°. VUE générale des ruines de la ville de Pæſtum.
2°. Plan d'un temple hexaſtyle. *Il y a 36 colonnes au pourtour.*
3°. Coupe & élévation du temple hexaſtyle.
4°. Une perſpective d'un temple hexaſtyle, des ruines de Pæſtum.
5°. Plan & reſtes d'un temple ou baſilique antique.
6°. Veſtiges de l'intérieur d'un temple ou baſilique de l'ancienne ville de Pæſtum.
7°. Plan & veſtiges du plus petit des trois temples de Pæſtum.
8°. Vue perſpective du plus petit des trois temples de Pæſtum.
9°. Inſcription d'un Sarcophage.
10°. Plan & coupe d'un réſervoir nommé *Piſcina mirabilis.*
11°. Plan du *forum* de la ville ſouterraine d'*Herculanum.*
12°. Coupe & profil d'un caveau ou catacombe d'*Herculanum.*
13°. Une perſpective de la ville de Capoue.
14°. Plan du mont Véſuve, en 1750.
15°. Coupe du mont Véſuve.
e6° Petit tombeau cinéraire de *Villa Mathei.*
17. Autre, idem.
18 Partie de la Carte d'Italie rélative, &c.

(*) Les Planches qui font partie de cet ouvrage n'ayant pas été originairement gravées dans ce deſſein, la lettre ne ſe trouve pas toujours placée ainſi que le format du volume l'exigeroit.

TABLE.

Vûe Générale des Ruines de la Ville de Pæstum, à 30 Mils de Naples telles qu'Elles étoient en 1750.

Plan d'un Temple Hexastyle des ruines de Pæstum.

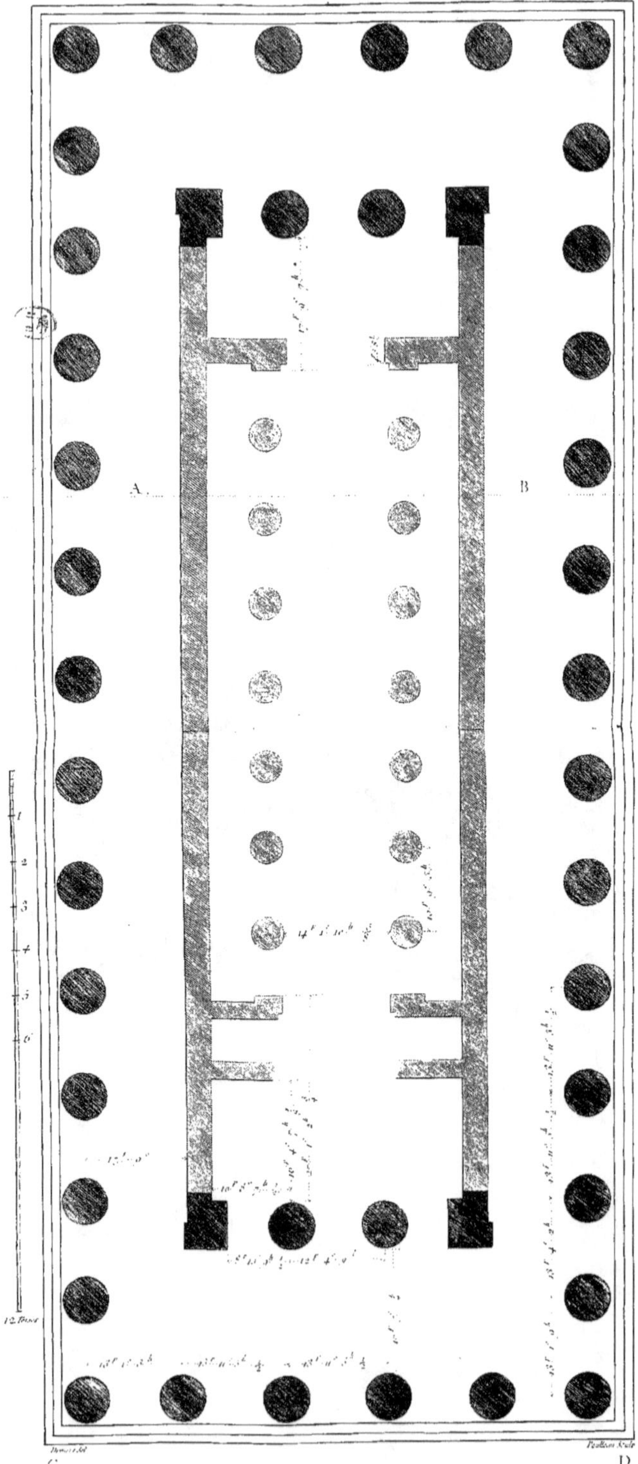

Coupe du Temple Hexastyle prise sur la Ligne A B

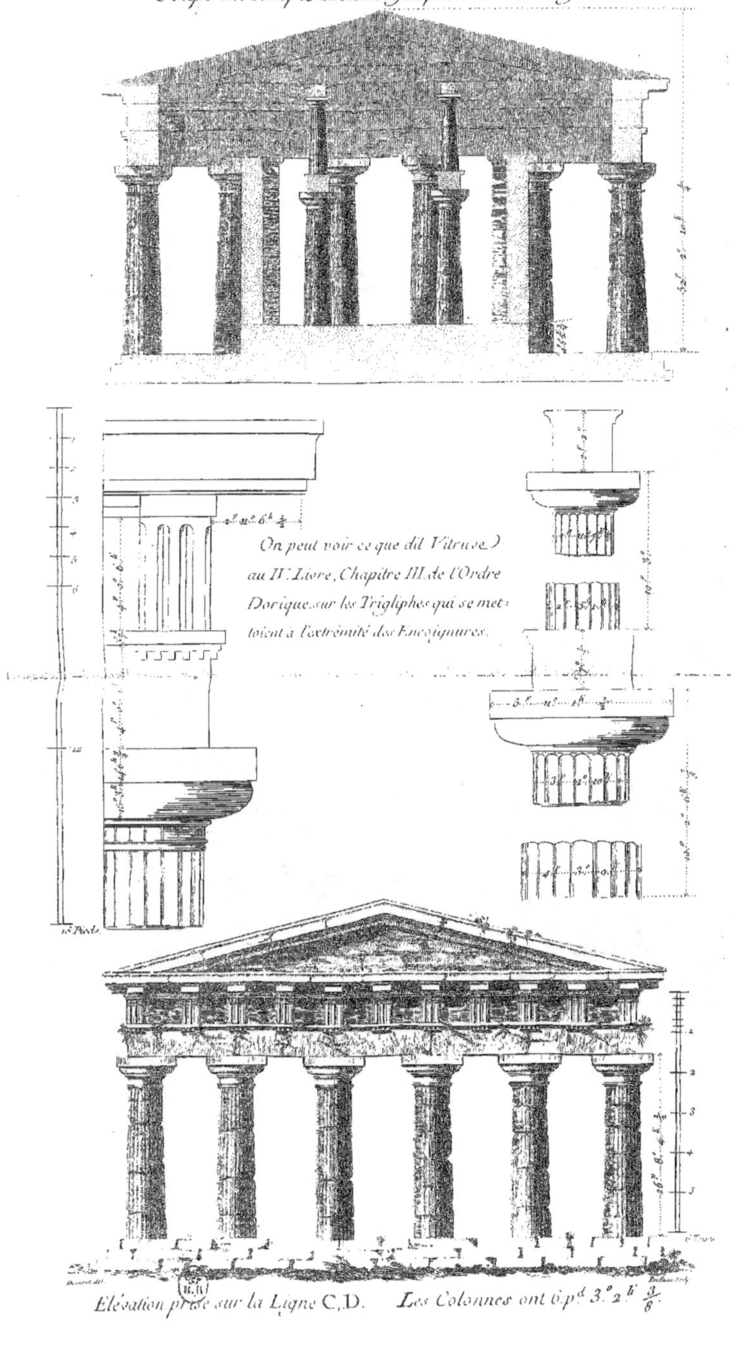

On peut voir ce que dit Vitruve au IV.e Livre, Chapitre III. de l'Ordre Dorique, sur les Trigliphes qui se mettoient à l'extrémité des Encoignures.

Elévation prise sur la Ligne C, D. Les Colonnes ont 6. p.d 3.° 2.l $\frac{3}{8}$.

Vue Perspective d'un Temple Hexastyle des ruines de Pæstum.

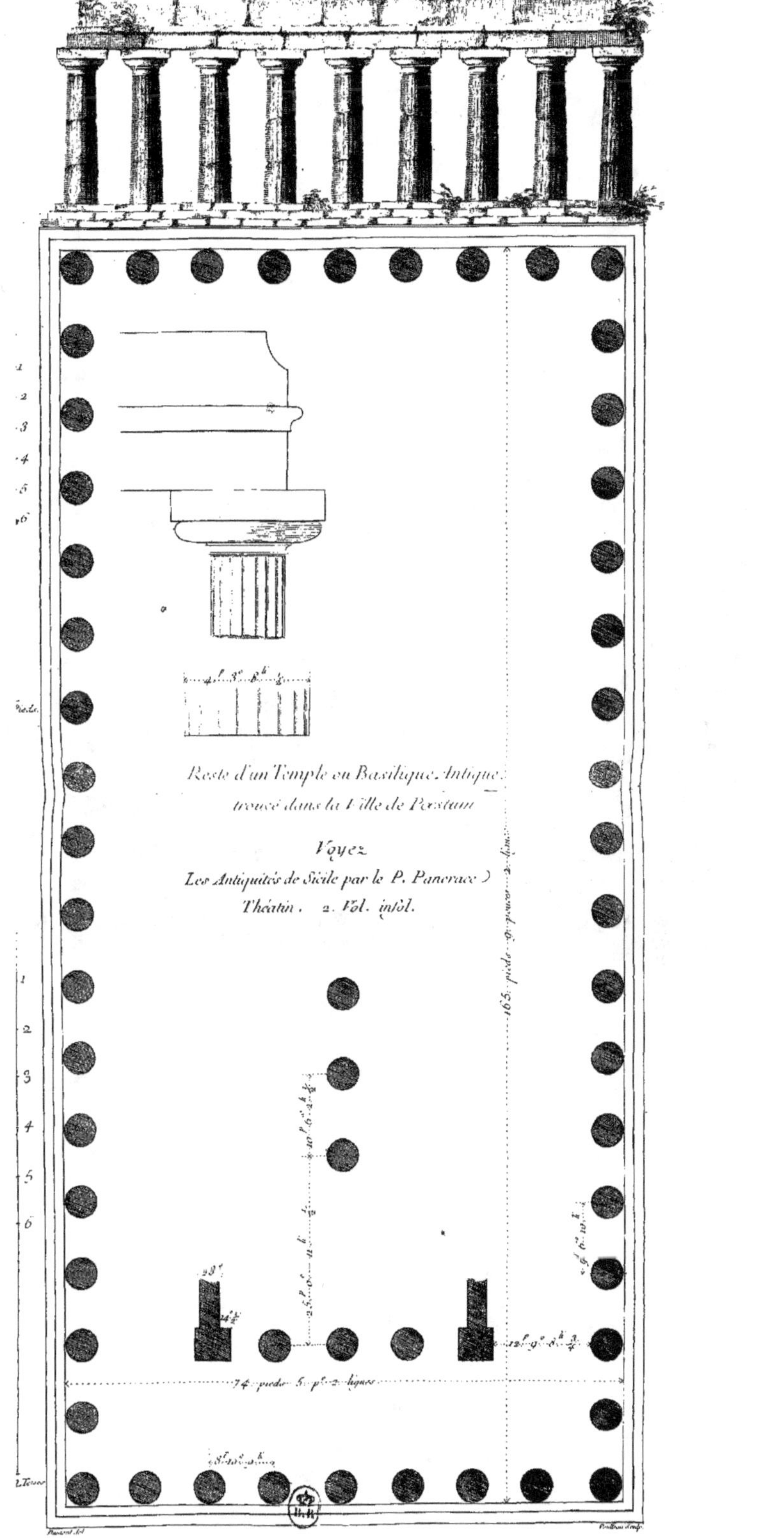

Reste d'un Temple ou Basilique Antique
trouvé dans la Ville de Pœstum

Voyez
Les Antiquités de Sicile par le P. Pancrace
Théatin. 2. Vol. in fol.

74 pieds 5 p.ᶜ 2 lignes
165 pieds 9 pouces 2 lign.

Vestiges de l'interieur d'un Temple ou Basilique de l'ancienne ville de Pesto, tels qu'ils existoient en 1750.

et mis au jour en 1764 par le Sr. Dumont.

Vestiges du plus petit des trois Temples de Pæstum.

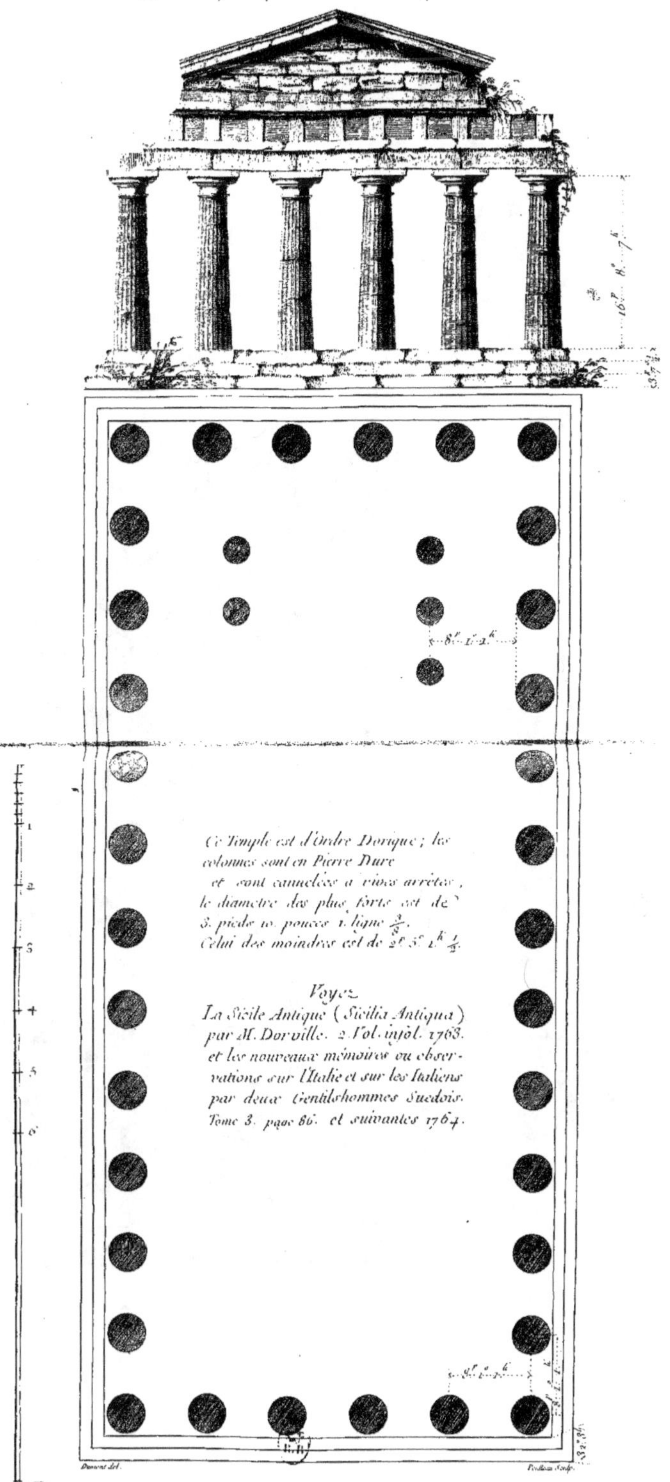

Vuë perspective du plus petit des trois Temples antiques de Pæstum.

Inscription d'un Sarcophage trouvé près de Pœstum.

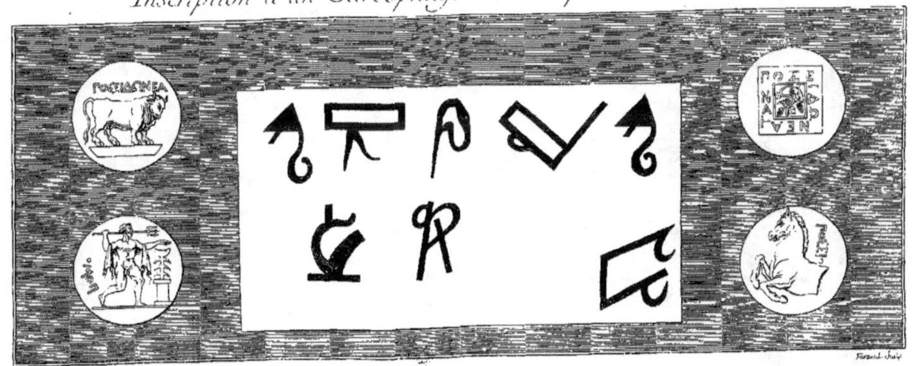

Plan et Coupe d'un Réservoir nommé par les Italiens, la Piscina mirabilis, situé entre Bayes et Misene, en un canton nommé Bauli.

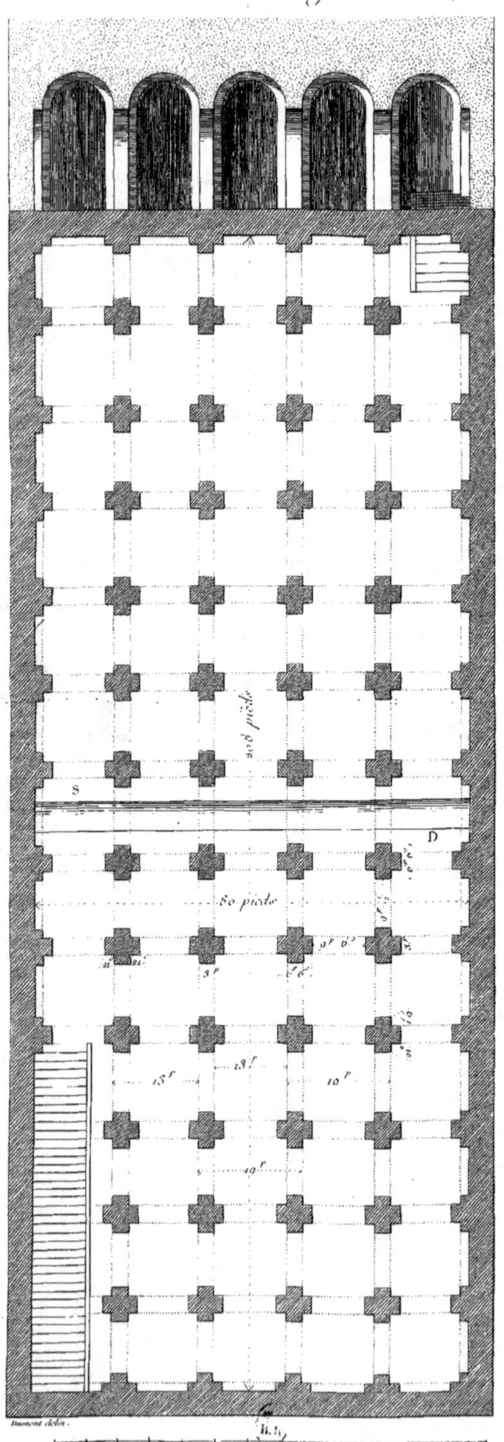

Ce Réservoir fut construit près d'un Temple de Diane, et des maisons de plaisance d'Hortensius et de Lucullus, l'on croit que ce fut ou l'Empereur Neron, qui le fit faire pour des Bains, ou Agrippa, afin d'y conserver de l'eau pour le service des Flottes.

Le Pavé est en pente ensorte que toute la fange descendoit dans le Canal, S, D.

La Batisse avoit été faite avec beaucoup de soin et étoit encore très solide en 1750.

Sur le haut de cette Piscine, il y avoit des goutieres de pierre, par ou l'eau couloit dans ce réservoir pendant le temps des pluyes, cet Edifice étant enterré de toute la hauteur du plus grand Escalier.

Les Piliers sont de Brique en liaison, ainsi que les murs du pourtour.

L'on ignore la composition de l'Enduit, lequel a environ 2 lignes d'épaisseur. On en distingue les différentes couches qui sont d'une grande dureté. Il y a lieu de croire que c'est un ciment composé de Pouzzolane, espèce de sable que l'on trouve autour de la Ville de Pouzzol, dont le plus fin sert pour les Enduits, et se lie admirablement avec de la Chaux de marbre, il seche d'autant plus promptement qu'on a plus soin de l'arroser, ou pour mieux dire de le noyer à force deau, il prend dans l'eau, et fait corps avec toutes sortes de Pierres. il ne resiste point au feu.

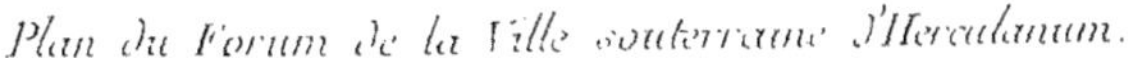

Plan du Forum de la Ville souterraine d'Herculanum.

A. Niche où etoient les Statues de Neron et de Germanicus.

B. Niches où l'on a trouvé des Peintures.

C. Piedestaux.

D. Portiques.

E. Espaces où etoient placées alternativement des figures de Bronze ou de Marbre.

F. Socles sur lesquelles se plaçoient les Juges.

G. Portiques sous lesquels les gens de pied se mettoient à couvert.

H. Portiques sous lesquels etoit placé la Statue Equestre de Balbus.

I. Lieu où se renfermoient les Ustenciles necessaires pour les Sacrifices.

K. Grand Piedestal qui portoit un Char de Bronze

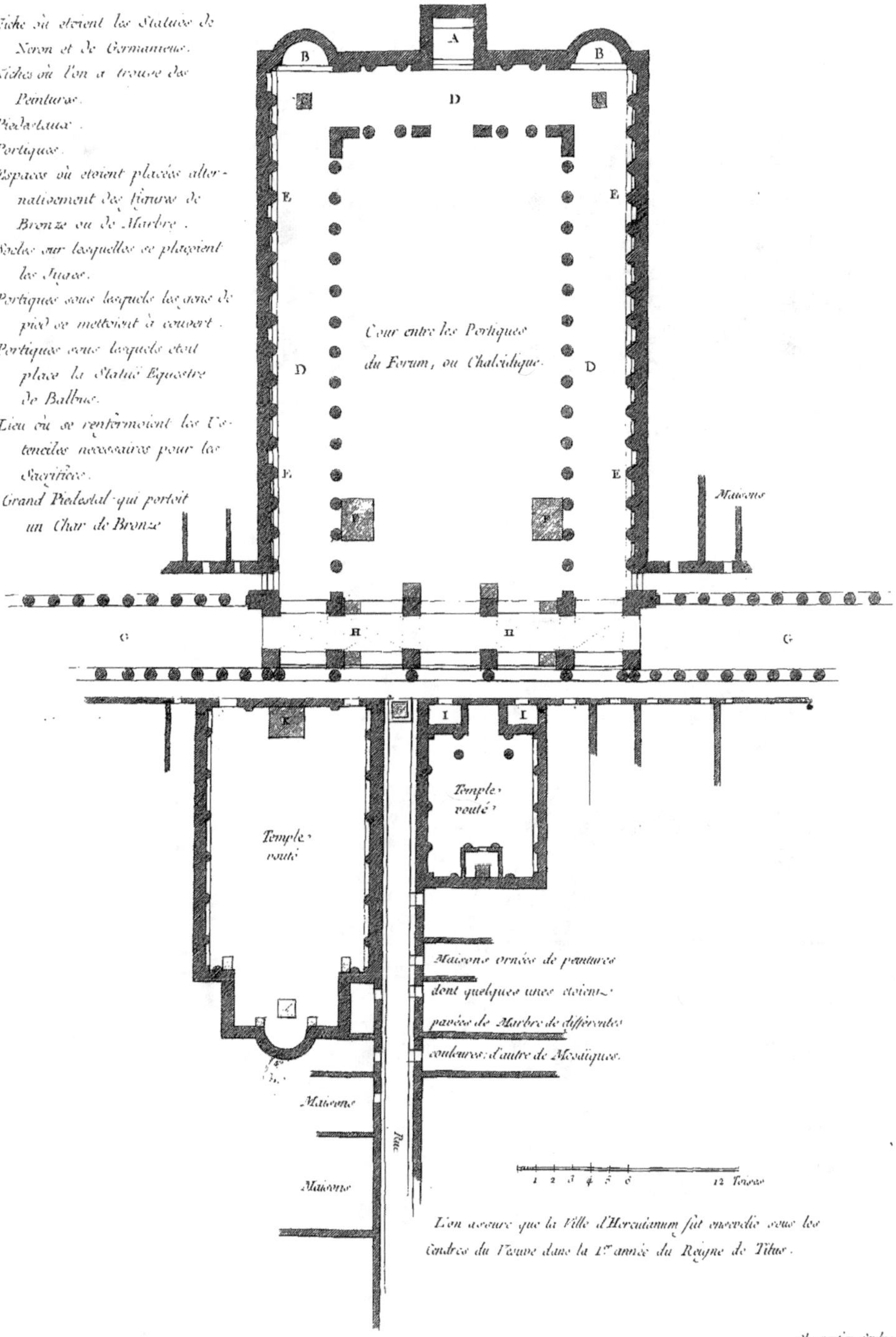

Cour entre les Portiques du Forum, ou Chalcidique.

Maisons

Temple vouté

Temple vouté

Maisons ornées de peintures dont quelques unes etoient pavées de Marbre de différentes couleurs; d'autre de Mosaïques.

Maisons

Rue

Maisons

1 2 3 4 5 6 12 Toises

L'on assure que la Ville d'Herculanum fût ensevelie sous les Cendres du Vesuve dans la 1.re année du Regne de Titus.

Dumont delin.

Charpentier Sculps.

Coupe et Profil d'un Caveau ou de Catacombes de la Ville d'Herculanum.

Au dessus de chaque Vase, étoient écrits les noms des anciens Hercoléens.

Vestige d'un grand Monument.

Echelle de 2 toises

1 2 3 4 5 6 — 2 Toises

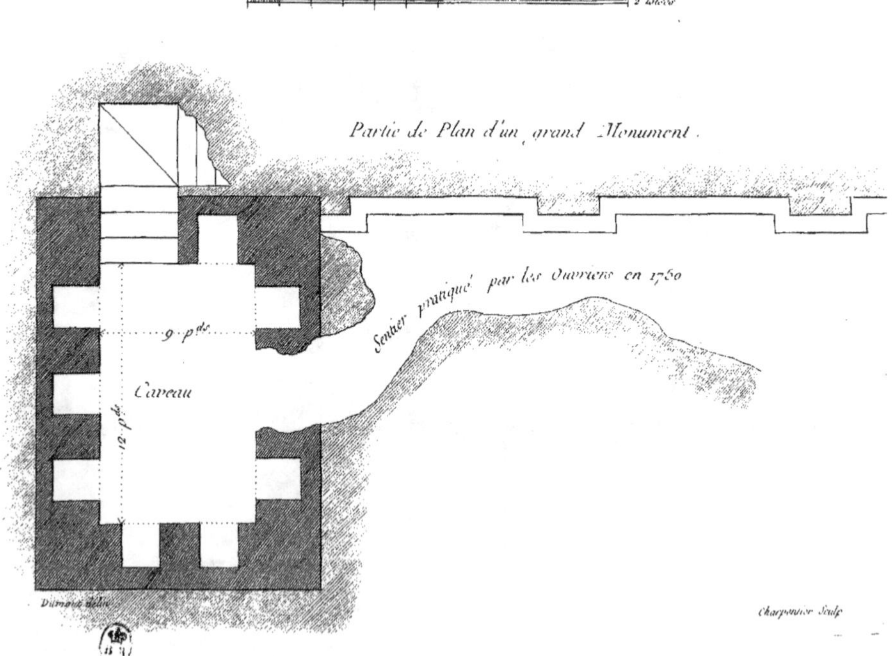

Dumont delin. Charpentier Sculp.

18

Dumont Del. — Germain Sculp.

Vüe Perspective de la Ville de Capoue sur le Chemin de Rome a Naples.

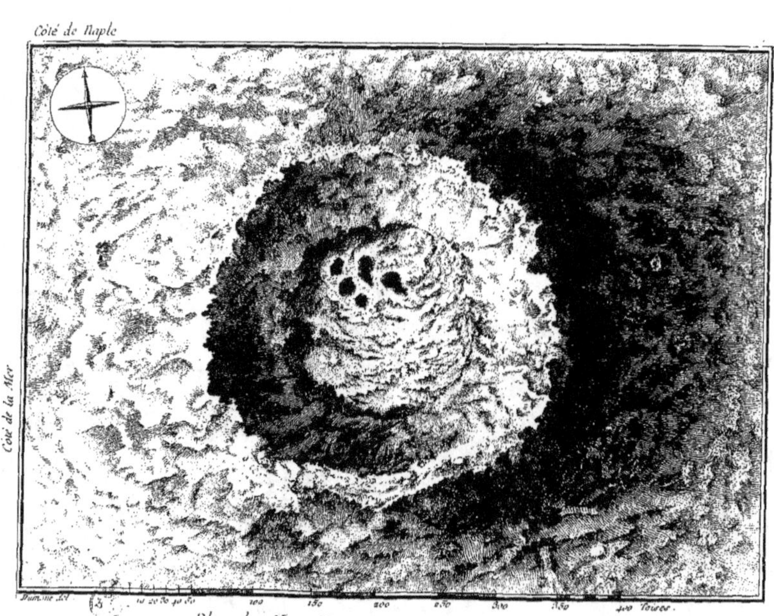

Plan du Mont-Vesuve en l'année 1750.

Coupe du Mont Vesuve à deux lieues ½ de Naples, tel quil étoit le 9. Juin 1750. Parcouru et mesuré par M. M. Soufflot et Dumont.

{Au mois d'Octobre 1751. la Montagne s'entrouvrit et vomit une quantité prodigieuse de Lave.}

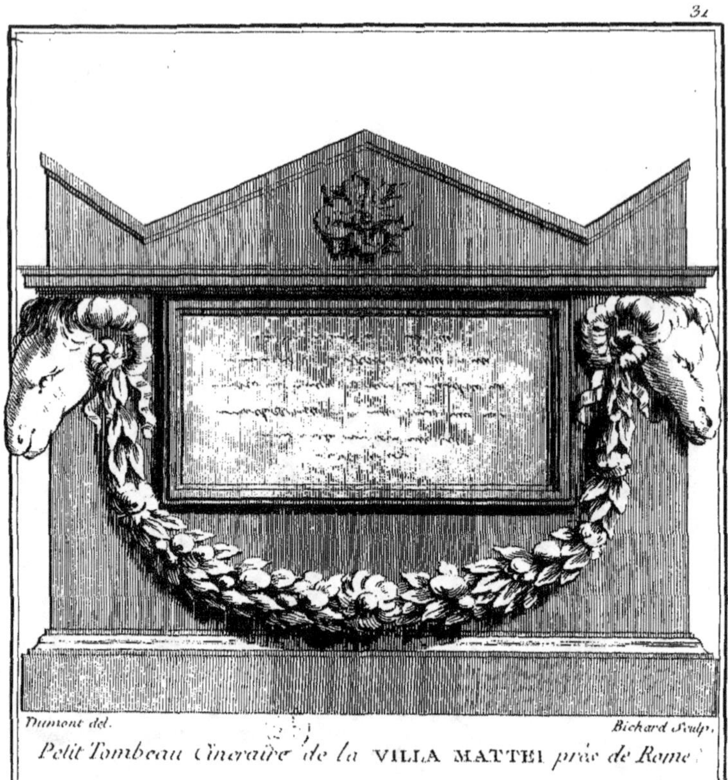

Dumont del. Bichard Sculp.

Petit Tombeau Cineraire de la VILLA MATTEI *près de Rome.*

Dumont del. Richard Sculp.

Petit Tombeau Cineraire de la VILLA MATTEI près de Rome

CARTE DE LA VILLE ET DES ENVIRONS DE PŒSTUM

dans la Grande Grèce.

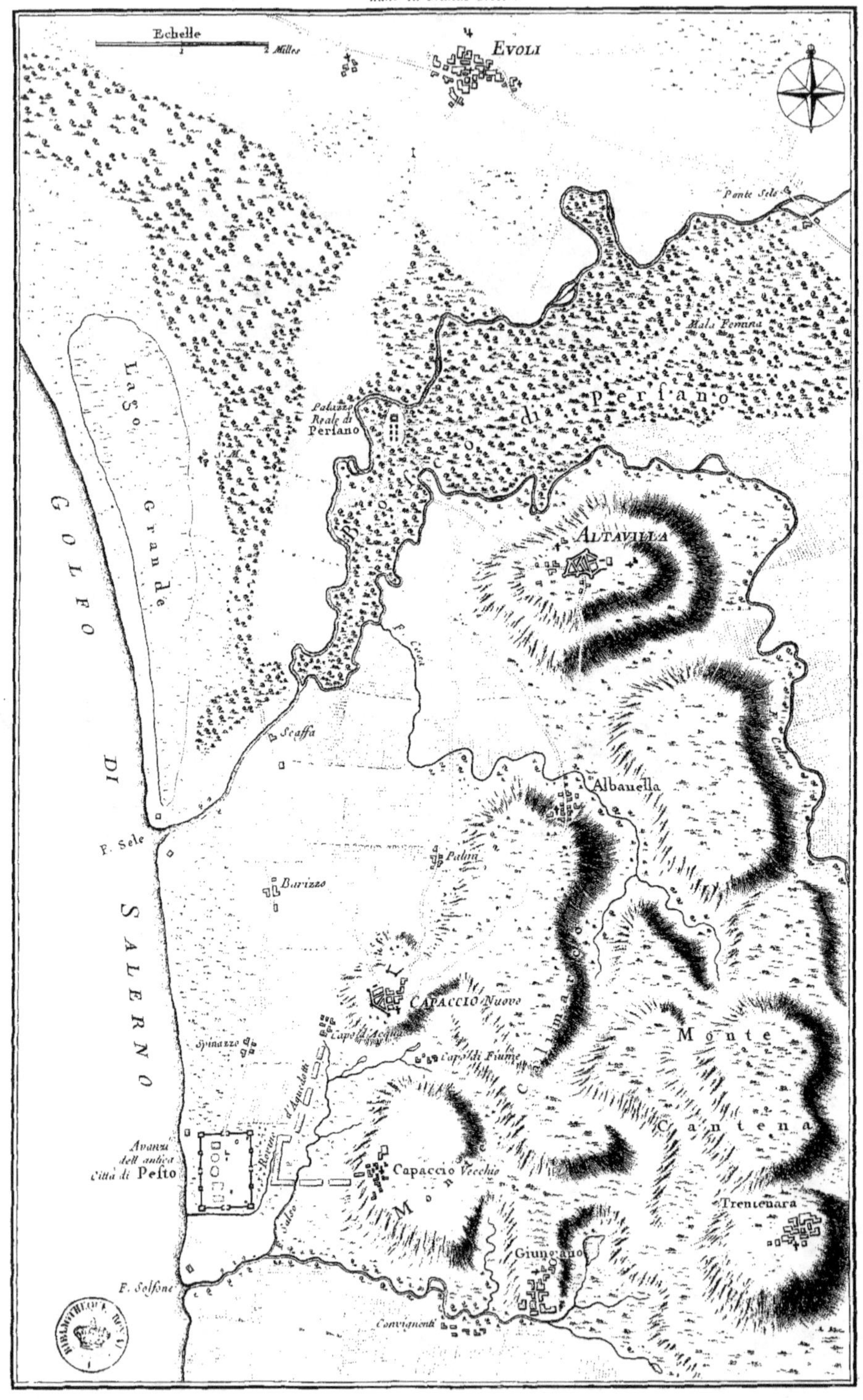

CATALOGUE de l'Œuvre complet de Mr. DUMONT Professeur d'Architecture membre des Académies de Rome, Florence et Bologne imprimé avec privilége du Roi et approbation de l'Académie royale d'Architecture.

		Nombre des Feuilles de Chaque Suitte	Prix de Chaque
1	Les Plans Coupes, *Profils, Elévations et généralement tous les détails de la Basilique de St. Pierre du Vatican à Rome, mesurés et cottés trés éxactement en mesures françaises avec des objets de compar.on le tout compose quatre vingt douze planches*	92	28#
2	Les *Vuës, Plans, Coupes et Elevations de trois Temples antiques de la Ville de Pœstum dans la grande Gréce au Royaume de Naples* (+)	16	9
3	ETUDES *d'Architecture de differens maitres Italiens*	12	3
4	PARALELLES *de grands Entablements et de Charpente à l'Italienne*	12	3
5	SUITTE *de Profils et détails de la Sacristie de N.D. de Paris, exécutés sur les desseins de Mr. Soufflot Architecte et Controleur général des Batimens du Roi*	14	3
6	DIVERS *morceaux d'Architecture du Sr. Dumont professeur d'Architecture*	16	4
7	UN *projet de distribution de maison bourgeoise à bâtir sur un emplacement de la ruë St. Louis prés le parc au cerfs à Versailles*	11	3
8	UN *projet de Belvédére ou Casin à l'Italienne de la composition du Sr. Dumont*	9	3
9	PARALELLE *des plus belles salles de Spectacles d'Italie, d'Angleterre, de France avec trois projets du Sr. Dumont, l'un pour un grand Théatre, un pour une salle de Concert, et un pour une salle en charmille à éxécuter dans un grand Parc*	35	12
10	SUITTE *de divers morceaux d'Architecture composés et mis en perspective par le Sieur Dumont professeur*	8	4
11	VASES *et fontaines de differens Maitres*	8	3
12	SUITTE *de Vuës de divers Edifices tant d'Italie que de France avec des notes et remarques sur les parties les plus intéressantes, on y a joint des compositions libres dans le genre pittoresque*	25	9
	TOTAL *général de l'Œuvre complet et terminé définitivement à*	258	84#
	Cet Œuvre peut s'acquerir ou en totalité ou par suites ou même par volumes separés. Toutes les parties ensemble de St. Pierre Numerotées (1) *composent le premier volume qui est du prix de*		36#
	Le 2e. comprend les cayers numerotés 2, 3, 4, 5, 6, 7, 8. du prix de		36
	Le 3e. renferme les numeros 9, 10, 11, et 12 du prix de		36
	Les trois volumes ensemble se vendent		108

Ils se trouvent A PARIS

Chez { *l'Auteur ruë des Arcis maison du Commissaire.*
Mrs. Joulain Pere et Fils Quay de la Megisserie à la Ville de Rome.

(+) Nota. *La même suite de gravures fait aussi partie d'un Volume intitulé* Les Ruines de Pœstum *dont le texte est la traduction libre d'un ouvrage qui parut à Londres en 1768. Cette traduction qui est due à Mr. V. D. B. Correspondant de l'Academie Royale des Sciences, se trouve à Paris chés Jombert Libraire ruë Dauphine, et chés l'Auteur des Gravures.*

www.ingramcontent.com/pod-product-compliance
Lightning Source LLC
LaVergne TN
LVHW020627110826
845149LV00004B/1066

* 9 7 8 2 0 1 9 1 8 9 4 2 6 *